KB057419

미래를 예측 할 수 있는 정석 손금 보는법

인생과 운명을 알려주는
손금보기

석준기 편저

일심법문 북스

머리말

사람은 누구나 이따금 자기 손을 들여다보게 된다. 이를테면 손금(手相:수상)을 볼 줄 모를지라도 의식하지 않은 채 가만히 손을 들여다보게 된다.

그것은 손이라는 것이 생활과 밀착되어 있고 마음과 밀착되어 있음을 우리들이 알고 있는 까닭이라고 하겠다. 사실 손은 마음의 움직임, 몸의 변화를 여실히 나타내 주는 것이다. 성을 내거나 걱정하거나 또는 사랑을 하게 되는 등 이모저모로 마음의 미묘한 변화가 손의 색깔에 나타나고 또 손금(手相:수상)으로써 새겨지게 되는 것이다. 이것은 뇌의 중추신경의 작용이 손으로 집중되어 표현되는 결과라고 할 수 있다.

구약성서 「욥기」에도 「하나님은 사람의 손에 부호(符號), 또는 인장을 주었나이다. 그것은 이로써 모든 사람들에게 그들의 직분을 알게 하려 한 것이니라.」고 하였다.

손의 신비라고나 할까? 사소한 일에서부터 뜻하지 않은 일까지 손은 알고 있는 것이다. 그것을 읽고 그 속삭임에 귀를 기울이는 것이 바로 수상(手相)을 보는 것이라 하겠다.

수상을 본 역사는 아득한 옛날로 거슬러 올라간다. 수상을 연구하여 기록하고 있는 가장 오래된 것으로는 「인도」의 동굴 안에 세워진 사찰(寺刹)에 보존되고 있는데 그것은 인간의 피부에 피 같은 것으로 기술된 세 권의 수상서(手相書)로써 거기에는 많은 기호나 문장(紋章)의 관찰이 기록되고 있다.

물론 「그리스」나 「유럽」 각지 및 중국에서도 수상의 연구는 아득한 옛날부터 행해져서 그 연구서는 오랜 세월을 거쳐 현재까지 잔존(殘存)되고 있는 것이다.

이와 같이 수상의 역사는 몇백 년 몇천 년이고 이어져 내려왔고 지금 우리가 자기 자신의 손을 들여다 볼 때 거기에 오랜 역사와 신비로움이 담겨 있음을 아니 느낄 수 없을 것이다.

우리는 제각기 다른 수상을 가지고 있다. 저마다의 손이 그 사람의 인생에 대한 모든 것을 증언하고 있는 것이다. 그렇기에 나의 손이 대관절 어떤 것을 증언하고 있을까? 하고 한 번 유심히 손을 들여다보고 그 증언을 주의 깊게 들어보고 싶지 않겠는가?

그 결과 자기 스스로가 파악하기 어려운 자기의 본질이나 장래의 예지(豫知) 등을 이해하고 거기에 대처할 방향을 알게 될 것이다. 즉, 자기의 장점은 신장하도록 하고 결점은 고치는 노력을 해야 할 것이다. 이 노력이야말로 반드시 보다 알찬 인생의 터전이 될 것이다.

나는 이 책을 저술할 때 지나치게 어려운 수상 전문가로서가 아니라 초심자도 여행 중이라든지 짧은 여가를 이용하여 읽을 수 있도록 쉽게 풀이하였다. 독자 여러분 또는 친지들에게 인생에 다소나마 도움이 될 것을 믿어 의심치 않는다.

편저자 드림

목 차

3. 당신의 손금은? —————————————————— 201

성격을 점친다 / 203

1
손금의 신비

집구석장군을 노력으로 극복한 청년

18살 때 아버지를 여읜 K군은 그 뒤 어머니와 누님, 이렇게 세 식구가 단출하게 살아왔다. 가족 중에서 유일한 남자인 것이다. 당연한 것이겠지만 어머니와 누님이 의지할 기둥이 되고 애지중지 떠받들음을 받는 환경 속에서 자라는 동안 26세의 봄을 맞이하였으나 아직 미혼이었다.

어느 날 그 K군의 어머니가 전화로 울면서 상담해 왔다.

「아주 양순하고 식구들을 위하는 좋은 아들이지만, 어쩌다가 여자 친구의 이야기가 나오면 화를 냅니다. 며칠 전에도 무슨 일로 화를 내고는 나에게 달려들었습니다. 그런가 하면 회사에서는 무엇을 시키더라도 싫다 하지 않고 맡아서 하는 등 고분고분한 좋은 아들을 두어서 좋겠다는 인사를 듣기까지 했습니다. 아들의 본바탕은 어떤 성격일까요? 고칠 수는 없겠는지요?」

이후 K군은 어머니의 권유로 나에게 찾아왔다. 그래서 손을 보았더니 두뇌선도 나쁘지 않고 유달리 신경질적인 것이라고 할 수 있는 긴 감정선도 없었다. 보통 흔히 있는 그런 수상(手相)이었지만 단지 반항선에 특징이 있었다.

공사(公事)를 표시하는 왼손의 반항선은 전혀 없으므로 사회생활에서는 매우 양순하고 자기를 내세우는 고집도 없었다. 무슨 일이건 주위의 사람들을 위하여 노력하고 참을성도 있는 그런 형(型)임으로 바깥에서의 평판은 대단히 좋은 것이었다.

그러나 오른손의 반항선이 굵고 뚜렷하게 상승하고 있었다. 그 결과 사생활에서나 가족 앞에서는 제멋대로 행동하고 반항선을 폭발시켜 어머니에게 걱정을 끼치게 된 것이다.

나는 K군의 여성관이나 좋아하는 여자가 있다는 등의 이야기를 듣고 대외생활에는 좋은데, 집안에서는 응석부리는 등 제멋대로 하는 나쁜 버릇 때문에 가정운이 좋지 않다는 이야기를 해주었다.

뿐만 아니라 바깥에서는 지나치게 유순하여 남에게 이용당할 수 있고 그 경우의 손해는 장차 출세운에까지 영향을 미치게 된다는 것과 왼손 인지(人指)가 표준보다 길어서 직장에서의 지배운도 지니고 있다는 것을 설명하고 좀더 사나이다움을 발휘하도록 말해 주었다.

그 뒤 K군은 결혼문제까지도 염두에 두고 노력하였는지 1년쯤 지나서 궁합을 보려고 그의 어머니와 찾아왔을 때는 집구석장군의 나쁜 성격이 고쳐졌다는 것이다. 그와 동시에 왼손에 곧은 반항선, 오른손에 하강의 반항선이 나와 있었다. 손금은 변화하는 것이다.

자기 성격을 알고 이혼운을 극복한 아내

결혼 후 10년 남짓하여 아이도 둘이나 있는 부인인데 아무래도 남편과 성격이 맞지 않는다는 것이다.

「자식을 생각하면 괴롭지만 싫은 상대와 한평생 살 것을 생각하니 견딜 수 없어요. 차라리 큰마음 먹고 헤어졌으면 하고 생각하는데요?」

그런 질문이었다. 그래서 수상(手相)을 보았더니 뜻밖에 크고 건실한 손으로써, 여성으로서는 제법 가정적인 좋은 수상이었다. 유달리 허영심이 강하거나 게으른 사람도 아니었다. 그러면 남편에게 나쁜 결점이 있느냐 하면 그렇지도 않고, 날마다 규칙적으로 집과 회사 사이를 왕복하고 있다는 것이다.

무엇이 그녀로 하여금 그런 생각을 하게 하였을까? 수상에 특별한 결점도 없었다. 굳이 말한다면 두뇌선의 커브에 조금 결점이 있을 정도였다. 이 두뇌선의 커브에 있는 결점이 약지(藥指) 밑 부분에 있는 경우에는 유순성이 부족한 성격으로 제멋대로 하는 버릇이 있다. 그리고 소지(小指) 아래의 결혼선이 하강한 느낌이 있었다. 이것은 조심하지 않으면 정말 헤어지는 결과가 될 것 같았다.

궁합도 괜찮은 편이고 아이들도 있으며 과음하거나 바람을 피우는 남편도 아니었다.

　나는 적극적으로 이혼 불가를 역설하였다. 세상에는 더 나쁜 남편도 있다는 것, 남편의 말을 유순하게 듣고 상대의 장점을 찾도록 할 것, 부인 자신에게도 결점이 있을 터이나 어떻든 앞으로 1년 간은 상대를 살펴볼 것, 그렇게 하고서도 어쩔 수 없으면 이혼해도 늦지 않을 것이라고 하였다.

　그 뒤로 다른 상담 때문에 가끔 찾아오기도 하였으나 1년쯤 지난 어느 날 곰곰이 생각을 돌이키면서 말하는 것이었다.

　「지난 일들을 반성해 보니 틀림없이 저에게도 지나친 면과 비틀어진 성질이 있었습니다. 1년 간의 인내라고 생각하고 유순하게 대해 주었더니 남편도 대단히 친절해져서 서로 성질이 부딪히는 일이 없게 되었습니다. 이혼을 결심했던 제 자신이 부끄럽습니다.」라고 하였다.

참 다행스러운 일이라 여기고 다시 한번 결혼선을 유심히 살펴보았더니 하강(下降)한 끝 부분이 엷어져 있었다. 거기에다 짧은 선이 곧게 뻗쳐 나오려 하고 있었다. 이만하면 걱정 없다고 생각하였다.

지금은 서로 아주 금실 좋게 지내고 있다 하니 얼마나 반가운 일인가?

바람기를 버리고 충실한 나날의 사업가

사업운의 상담차 왔던 O씨는 마흔을 갓 넘긴 중소기업체의 경영자였다. 사업은 비교적 순조로운 듯했으나 산재(散財)의 상(相)이 강했다. 즉, 수성구(水星丘) 전체의 빛깔이 좋지 않고, 재운선(財運線)에 난조(亂調)가 있고 그 손금 위에 붉은 점이 나와 있었기 때문에 내린 판단이었다. 걱정스러워 더욱 세밀히 살펴보니 감정선 전체에 하향선의 잔금이 많이 나와 있었다. 2~3개의 하향선이라면 그 손금에 따라 어떤 이유로 실연(失戀)했었다고 볼 수 있겠지만 O씨의 경우는 실연이라기보다는 바람기가 틀림없었다. 그래서 나는 말해 주었다.

「제아무리 사업운이 좋을지라도 여성관계로 돈이 자꾸만 나가는 수상(手相)입니다. 그렇다면 무엇 때문에 애써 사업을 하는 것인가요? 많은 여자들에게 돈을 나누어주기 위하여 날마다 고생하는 격입니다.」

O씨는 머리를 긁적거리면서 고백하는 것이었다.

「불평불만을 품게 한 것은 어제오늘의 일이 아닌 오래된 일입니다만 묘하게도 상대한 여자들끼리 서로 알게 되었고 공동전선을 펴는지 이래저래 돈을 뜯기고 있습니다. 큰일났습니다. 한두 여자도 아니고 여섯이나 되니 말입니다.」

O씨는 금성구(金星丘)도 풍부하고, 정력이나 금전운도 어느 정도까지는 튼튼한데 두뇌선에 커브가 없었다. 두뇌선에 커브가 없으면 성격이 단순해서 요령이 좋지 않은 것이다. 그밖에 다른 손금을 종합한 결과 많은 여자를 상대하면서 가정을 지키고 사업을 키워나가는 그런 재주는 없어 보였다.

「이대로 간다면 여성들로부터 재산을 지킬 수 없습니다. 부인에게 자초지종을 털어놓고 부인과 상의하여 피해를 최소한으로 줄이도록 하십시오.」 라고 충고하였다.

이후 여러 가지로 풍파가 많았지만 만나던 여자들과 헤어질 수가 있었고, 아주 곤욕을 치른 O씨는 이후 사업면에서도 아내의 의견을 참작하는 등 휴일에는 좋은 아빠노릇까지 하게 되었다.

지금은 감정선에 붙어 있던 바람기의 손금이 말끔히 사라졌고 열심히 일에 전념하여 사업도 더 키워나가고, 아내에게는 좋은 남편, 아이들에게는 훌륭한 아버지로서 존경을 받으며 나날을 충실하게 보내고 있다고 한다.

반성과 자신을 되찾고 합격한 수험생

1·2차 지망대학의 입시에서 보기 좋게 낙방해 버린 O군이 어머니와 함께 너무 실망하여 우울한 표정으로 상담을 하러 왔다.

재수를 해서라도 지망대학에 들어가야 할 것인가? 단념하고 전문대학에 갈 것인가? 아니면 아예 진학을 포기하고 사회인으로서 새 출발하는 것이 좋은가? 하고 고민하고 있다는 것이다. 그렇다 하더라도 너무나 실망하여 자신을 잃어버린 게 예삿일이 아니었다. 물론 자기가 바라던 대학에 진학하지 못한 충격이야 알고도 남음이 있는 일이긴 하다. 그러나 꼭 재수를 해서 원하는 대학에 들어가야만 하는가는 생각해 볼 문제가 아닐 수 없다.

O군의 어머니가 터놓은 이야기로는 O군은 어느 정도 비정상이라는 것이다. 가족들과도 말을 하지 않을 뿐만 아니라 끼니도 제대로 먹지 않고 방안에만 처박혀 있어서 무슨 일이 일어날지 걱정이 태산 같다는 것이다.

그렇게 된 것이 당연한 면도 없지 않았다. O군은 초등학교, 중학교를 거쳐 고등학교까지는 매우 성적이 좋았고 학급에서는 언제나 5등 안에 들지 않은 일이 없었다는 것이다. 더욱이 성실해서 나쁜 친구들과는 어울리지 않는 모범적인 우등생이라는 것이다. 그래서 본인도, 주위의 사람들도 절대 합격할 것이라고 단단히 믿고 있었다는 것이다.

「나는 틀렸어요. 인생의 등용문인 지원대학에 들어가지 못한 것은 파멸이야.」 하고 실의에 빠졌다는 것이다.

수상을 보니 대단히 좋은 수상이었다. 두뇌선도 뚜렷했고 그것이 길게 월구(月丘)까지 뻗어 있어서 머리가 좋고 꿈이 많은 성격을 나타내고 있었다. 또한 손 전체가 단단하며 색깔이 검고 인지(人指)가 다른 손가락보다 뛰어나 있었는데 이것은 의지력도 강하고 성실해서 지배운의 강점을 나타내는 것이었다. 게다가 생명선이 굵고 홈이 없으며 길었다.

「자네, 지금 죽고 싶은 심정은 이해하네. 하지만 이만큼 좋은 수상을 가지고 있으면서 한 번 대입(大入)에 실패했다고 낙담하다니 사나이답지 못하군! 사람의 운세란 결코 평탄한 직선만 있는 게 아니라 때로는 굴곡도 있는 거야. 처음부터 다시 시작하는 마음으로 내년을 목표로 재수를 해보게. 세상에는 재수, 삼수의 학생들이 얼마나 많은가? 현실을 똑바로 보고 노력하면 성공이 보장되는 수상(手相)을 하고 있네.」

O군은 자기의 손바닥을 들여다보면서 반성과 자신을 확인하게 되었다.

첫사랑에 실패하였으나 명랑하게 된 소녀

　눈썹이 가려질 만큼 길게 앞머리를 늘어뜨린 A양은 금방 울음을 터뜨릴 것만 같은 모습으로 말하였다.

　「난 그 사람이 좋아요. 아주 멋진 사람이에요. 그런데 라이벌이 많아요. 그래서 말할 기회도 잡지 못했어요. 어떻게 하면 좋아요?」

　이렇게 말하는 것만으로도 힘들어 보였다. 그리고는 입을 다물어 버렸다. 고개를 숙이고 바닥만 내려다보는 암담한 모습의 A양은 겨우 열일곱 살이었다.

　동행한 동급생 C양의 말을 간추려 보니 TV에 자주 출연하는 J라는 가수를 무척 좋아하는데 친구들과 함께 손뼉치거나 응원도 하지 못하고 무대에서 자기를 보고 있는 것 같기만 해도 벌써 가슴이 울렁거린다고 한다. J라는 가수를 생각한 나머지 공부도 되지 않고, 매일을 암담하고 우울하게 지내고 있다는 것이다. 이 내성적이고 짝사랑하는 소녀의 괴로움을 알 것만 같았다.

　A양의 수상을 보니, 손가락이 가늘고 길었다. 몽상(夢想)하는 수상의 하나였다. 게다가 월구(月丘)의 부푼 정도가 풍부하고 약지(藥指)가 긴 것이 낭만형이었다.

　감정선이 길게 곡선을 그리고 있지 않은 것은 감상적이면서 외곬으로 무엇을 생각하면 거기에 빠져버리는, 좋게 말해서 순정임에 틀림이 없지만 감정의 제어(컨트롤)가 약한 게 결점이었다. 다행히도 나는 A양이 좋아하는 J라는 가수의 수상을 며칠 전 사진 감정을 했었기 때문에 생생하게 기억이 되살아났다. 그래서 그와 맞지 않는 점을 비교해 주었다.

J가수의 수상은 한마디로 말하면 신경도 섬세한 예술가형이다. 남성으로서는 손가락도 가늘고 고독을 좋아하는 편이다. 그런데 A양은 낭만형이어서 자기의 몽상(夢想)에 스스로 빠져 버렸으니 상대방의 걱정을 할 겨를이 없는 것이 아닌가? 양쪽의 성격이 화합할 수 없으며 불행할 것이 분명하니 보다 좋은 사람이 나타날 때까지 잊고 자기에게 충실하는 게 현명하다. 덧붙여 보랏빛 인생이 너를 기다리고 있다. 이렇게 말해주었더니 과연 젊은 현대의 소녀들이었다.

「그럼 궁합이 좋지 않다는 말이지요? 그건 그와 교제하는 것이 도리어 그에게 마이너스가 되고 불행을 안겨 준다는 것이지요? 그렇다면 전 단념하겠어요.」

A양은 딸부잣집에 태어난 뒤로 아버지 이외의 남성을 처음으로 좋아했으니 첫사랑이 되겠지만 짝사랑이었고 「이제부턴 단순한 팬의 한 사람으로서 그 사람의 노래를 좋아하겠어요!」하고 올 때와는 달리 깨끗이 자리를 털고 일어났다.

지금의 A양은 명랑한 아가씨로서 티 없이 맑게 자라면서 공부도 열심히 하고 있다고 한다.

세 번째의 사랑에 열매를 맺은 아가씨

미인이라고 하기에는 뭣하지만 아주 매력이 넘치는 S양은 당시 꽃다운 19살이었다.

S양은 몸매는 비교적 작은 편이지만 그러기에 또한 예쁘게 생겨서 누구나 좋아하는 타입이었고 웃으면 오른쪽에 보조개가 사랑스러웠다. 그 귀여운 S양이 진지한 모습으로 찾아온 것은 8월의 무더운 어느 날이었다.

「부끄러운 일입니다만 12세 위의 사촌오빠를 좋아하고 있습니다. 오빠는 결혼도 한 처지인데 나쁜 줄 알면서도 자꾸만 마음이 쏠립니다. 어떻게 하면 좋을까요?」라는 상담이었다.

S양의 손은 원추형, 쉽게 생각해 버리는 충격적인 일면도 있고 일찍 아버지를 여읜 탓으로 연장자에게 응석을 부리고 싶고 또 의지하고 싶은 마음도 있는 것이다. 아마도 그런 성향(性向)이 엉뚱하게도 오빠에 대한 사랑으로 터져 나온 것이리라. 다행히도 감정선에 하강하는 실연의 상(相)은 두드러져 있지 않았다. 그래서 상성(相性)이 나쁘다는 것과 더욱이 결혼한 사촌오빠라는 상식론으로 깨우쳐 주었더니 큰 충격 없이 해결이 되었다.

3년쯤 지나서 S양이 다시금 상담차 찾아왔다. 대관령에서 알게 된 B씨와의 연애문제 때문이었다. 수상을 보니 전에 보았을 때는 없었던 실연선(失戀線)이 있었고, 감정선, 금성대, 제2화성구에 있는 붉은 점이 예사롭지가 않았다. 아무래도 상당한 쇼크를 받게 될 실연상(失戀相)이었다.

결과는 역시 수상(手相)대로였다. 그렇지만 S양 같은 형(型)은 실연하는 편이 도리어 인간적으로도 성장할 수 있는 계기가 될 수 있었다. 실연의 상처가 아물고 인생관도, 남성관도 많이 변하게 되어서 S양은 「좋다」는 것보다 「성의(誠意)」에 중점을 두고 교제하게 된 것이다.

「세 번째 사람이 되나 봐요. 이 사람과의 상성(相性)은 어떨까요?」

지난번 실연했을 때로부터 1년 이상 지난 어느 날 S양은 이렇게 말하면서 새마을 청년회의 M씨라는 사람 때문에 상담차 다시 찾아왔다. 너무 달아오르기 전에 냉정하게 자기의 사랑을 반추하게 된 것도 지난번의 쓰라린 실연의 상처에서 얻은 슬기가 아닐 수 없었다. 생년월일로 본 상성(相性)도 별로 나쁘지 않았고 그 뒤 두 사람이 함께 왔을 때는 M의 수상(手相)도 보게 되었다. 그의 금성구와 월구의 균형 잡힌 모양과 S양의 수상에서 전에 볼 수 없었던 밝은 면과 애정면을 합쳐 감정해 보았더니 대단히 행복하게 화합이 될 수 있다고 여겨지는 상성(相性)이었다.

혼담도 순조롭게 진척되어 행복하게 결혼할 수 있었다며 내년 봄에는 아기의 이름을 지어달라던 S양의 밝은 표정에 함박 웃음꽃이 피어 있었다.

남녀 반대의 수상이 되어 있는 부부

부인은 37세, 남편은 일곱 살 아래인 30세로 아이들은 둘이라는 가족 구성이다. 상담의 요지는 성격이 맞지 않으므로 앞으로 어떻게 하면 좋은가 하는 것이었다.

먼저 남편의 수상을 보았다. 색이 희고 대단히 부드러운 손이었으나 뚜렷한 운명선이 없고 태양선이 난조를 이루며 몇 가닥 나와 있었다. 게다가 남성에게는 특히 필요한 노력선이나 반항선이 전혀 없었다. 이 의미는 상냥하고 여성적이지만 운명에 대한 노력이 부족한 것이다. 취미나 놀이는 즐기지만 특히, 어떤 한 가지 일에 열중하지를 못한다. 또 남성으로서의 공사(公事)를 나타내는 왼손 가운데의 두뇌선에 커브가 없는 데다가 짧고 얄팍하였다. 이것은 남성으로서는 사회의 험한 파도를 극복해 나가는 재능이나 활동이 약한 것이다.

다음에 부인의 수상을 보았다. 손이 작고 생명선에서 여러 가닥의 노력선이 상승하고 있었다. 게다가 월구(月丘)에서 출발하고 있는 길고 굵은 운명선이 여성으로서는 공사(公事)를 나타내는 오른손의 토성구, 즉 중지(中指) 아래쪽 장구(掌丘)마저 뚜렷하게 나와 있었다.

또 두뇌선도 길고, 선단이 두 가닥으로 갈라져 한 가닥은 위를 향해서 커브를 그리고 있었다. 이러한 두뇌선을 상재선

(商才線)이라고도 하거니와 손이 작은 것과 아울러 함께 판단해 볼 때 노력가이며 상술이 능란하고 뱃심도 있어 주위로부터 인기도 좋은, 좋게 말하면 여걸 풍의 수상이라 할만하였다.

그런데 이 부부의 실제적인 생활은 어떠한 것일까?

이야기를 들어보니 열 사람 가까운 점원을 거느리는 슈퍼를 함께 경영하고 있는데 남편의 상술이 서툴고 적극성이 전혀 없는 데다가 사장이라고 하지만 빛 좋은 개살구 격으로 부인이 사입(仕入), 금전의 융통, 은행과의 교섭, 선전, 점원의 지휘, 감독까지 휘어잡고 있었다. 그렇다고 남편이 바람을 피우는 것도 아니고 아내나 아이들에 대하여 배려도 깊은 것이었다.

단지 남편이 믿음직스럽지 못하단 이유로 부인은 힘들어하고 있었다.

　나는 말해 주었다.

　「자녀들도 있고 상성(相性)도 나쁘지 않습니다. 다만 수상에 나타나는 것처럼 남녀의 성격, 행동이 반대로 되어 있을 뿐입니다. 이만큼 사업이 확장된 것은 역시 두 분의 궁합이 이룩한 것이지요.」라고.

　애정도 많고 유순한 남편은 금후 책임을 인식하고 노력하겠다고 다짐하는 것이었다. 지금은 남편이 경영에 나서며 금실 좋게 해나가고 있다.

단것을 좋아하는 어린이의 손금

「내년에 초등학교에 입학하게 될 아이입니다. 사교성이나 공부 등 여러 가지 주의할 점을 수상이나 관상으로 좀 봐 주십시오.」

귀부인인 어머니의 손을 잡고 따라온 K어린이는 의자에 앉게 되었다. 어린이의 손이란 귀여운 것이다. 아이의 손도 어른과 마찬가지로 각각의 개성도 있고 특징도 있다. 그런데 이 어린이의 손을 보니 오른손과 왼손의 선이 매우 다르게 나타나 있었다.

나는 곧 설명에 들어갔다.

우선 왼손의 생명선은 매우 엷고 아주 가냘프지만 오른손의 생명선은 뚜렷하게 강하고 금성구를 에워싼 모양으로 나타나 있다. 이것은 표면상이나 어릴 때는 다소 약한 증세가 보이더라도 주의하면 건강을 충분히 유지할 수 있으며 장수할 상이다.

두뇌선은 왼손이 길고 월구까지 내려져 있으므로 제법 공상적이며 낭만적인 성질을 갖고 있다고 본다. 그러나 오른손의 두뇌선은 분명하게 상승하여 두 갈래로 갈라져 있으므로 성장함에 따라서 때때로 현실적이며 제법 많은 돈을 모으기도 할 것이다.

이와 같이 여러 가지로 이야기하고 있는 동안 K어린이의 생명선 상단부에 엷은 쥐색이 나와 있는 것이 마음에 걸렸다. 특히, 오른손 쪽이 그러하였다. 식욕은 그다지 좋은 편은 아니지만 식사는 말끔히 한다는 것이다.

「간식이 지나칠 정도가 아닙니까?」

「아닙니다. 간식은 시간을 정해서 주고 있으며, 위장에 나쁜 것은 주지를 않습니다.」

나는 K어린이의 좌우 양손의 차이가 심한 것으로 성격적으로도 양면이 있다는 것을 알고 있었으므로, K어린이의 손과 얼굴을 보면서 힘주어 물었다.

「K어린이는 단것을 훔쳐서 먹고 있지?」

깜짝 놀란 얼굴이 된 K어린이는 야단맞을까 무서워 「사탕을 먹는 것이 몸에 나쁜가요?」하고 울먹였다.

이해력이 없는 K어린이가 아니므로 앞으로는 먹지 않겠다고 약속하였지만 어머니는 놀라는 한편 반성하는 태도를 보였다.

현실적 증상이, 아직 스스로 느끼지 못하는 동안에도 수상에는 재빠르게 주의신호가 나타나는 것이다.

여러분의 생명선 상부는 어떠합니까? 단것의 과식, 커피의 과음 등 칼로리의 지나친 섭취도 수상에 나타나는 것입니다.

이렇듯 손금은 주위의 환경과 생활여건, 건강상태에 따라 사소한 일에서부터 뜻하지 않은 일까지 손은 알고 있습니다. 그렇기에 손금은 그 신비를 더해가는 것입니다.

손의 역할(役割)

인간의 몸은 어느 곳이나 다 중요하지만, 뇌의 작용은 별도로 하고 외면적으로 봐서 가장 민감하고 잘 움직이는 곳은 어디일까? 또한 가장 둔하고 움직임이 적은 곳은 어디일까?

역학(易學) 가운데 「많은 느낌」이란 괘(卦)가 있다. 하나의 괘를 발, 종아리, 허리, 다리, 가랑이, 배, 가슴, 등, 머리 등과 같이 나누어 보면 그 중에 등이 가장 느낌이 적고 움직임이 적은 부분이라고 한다. 반대로 가장 민감하고 잘 움직이는 것은 손과 눈일 것이다. 특히, 손은 우리들의 생활 가운데 중요한 역할을 하고 있다. 또 손은 치밀하고 재빠르고 그리고 가장 많이 뇌에 전달하며 뇌에서 전달받는다.

하루 생활의 변천, 생활의 양상을 뇌에 그리고 손에 의해서 기록된다. 즉 손은 기능적일 뿐만 아니고 마음과 그리고 생활과 함께 느끼며 움직이고 변화한다.

인간을 포함한 동물은 예지본능(豫知本能)도 한두번 경험하는 일이지만 본인 스스로는 아무것도 모르고 있다. 하지만 그것이 곧바로 손, 또는 인상에 전달된다. 말하자면 수상이나 인상은 그 사람의 과거, 현재뿐만이 아니고 미래까지도 말하고 있는 것이다.

철학자 「칸트」는 「손은 외부에 나타난 또 하나의 두뇌이다.」라고 하였다. 손의 중요함을 말한 적절한 표현이라 하겠다.

2

실천수상법

손금을 보는 요령

인간의 손이란 무엇일까? 생각해 보면 정말 불가사의한 것이다. 매일의 생활에서 손이 수행하는 역할은 한없이 중요하다. 손은 나날의 일을 수행할 뿐만 아니라 여러 가지 일을 기억하고 기록한다. 지나가 버린 과거도 현재의 상태도 그리고 미래의 일까지도 예지(豫知)하고 기록하고 있는 것이다.

그 까닭은 무엇일까? 그것은 손이라는 것의 움직임이 뇌(腦)의 중추신경의 작용, 즉 명령에 따라서 움직이고 있음을 말한다. 손 그 자체가 물건을 움켜쥐고 펜을 잡고 글씨를 쓰는 것이 아니라 저것을 가지고 싶다, 어디가 가렵다, 아름다운 꽃을 만져보고 싶다라고 뇌가 느낀 것을 손에 전달하여 손의 행동으로 옮겨지는 것이다. 따라서 뇌가 감지(感知)하고 있던 과거의 일도 또 현재 그리고 미래의 일도 손으로 표현할 수 있는 것이다. 그렇다. 손은 바로 당신의 역사이며 인생이며 이력서인 것이다.

사람은 누구나 때때로 자기를 들여다보게 된다. 그것은 생각하는 것이고 얼굴을 혹은 손을 들여다보는 표현으로 나타난다. 바꾸어 말하면 손을 무심히 바라볼 때 그것은 곧 당신이 자기 자신을 바라보는 것이라고 할 수 있다.

그럴 때 누구라도 모처럼 손이 말하는 이야기를, 손의 속삭임에 귀를 기울여 무슨 말을 하고 있는지 들어보고 싶지 않겠는가?

하지만 손의 말, 즉 수상을 이해하지 못하면 아무런 소용이 없다. 우리는 이 기회를 통하여 수상을 이해하고 그러므로 손이 말하는 것들을 빠짐 없이 듣게 될 것이다.

좌우의 어느 쪽 손을 보는가?

수상을 볼 때 좌우 어느 쪽 손을 보면 되는가?

특히, 「색」을 볼 때는 조심할 필요가 있다. 또 손 모양, 손가락 언덕(丘), 문선(손금) 등 좌우가 현저하게 차이가 있을 때는 성격의 이중성이나 운세(運勢)의 변화를 표현하고 있는 것이므로 그 특징을 관찰하는 것이 중요하다.

원칙으로 남성의 왼손은 공사(公事), 선천성, 40세 전 그리고 오른손은 사사(私事), 후천성, 40세 이후를 본다. 여성의 경우는 그 반대로 오른손이 공사(公事), 선천성, 40세 전이 된다.

이것이 기본적인 수상법이지만 실제로 한쪽 손에만 한정해서는 안 된다. 반드시 양쪽 손을 본 뒤 앞서 말한 원칙에 따라 중점적으로 봐야 한다.

손을 내밀 때부터 관찰한다.

먼저 손을 내미는 법에 주의해야 한다. 이것은 각 손가락이 어떻게 집산되고 있는가를 보는 것이다. 손을 내민다는 것은 일종의 습관이므로 수상을 감정해 달라면서 내밀 때만이 아니라 책장을 넘길 때나 무릎에 손을 올려놓을 때도 관찰할 수 있는 것이다.

다섯 손가락이 모두 떨어지거나 인지(人指)와 중지(中指)가 떨어지거나, 약지(藥指)와 새끼손가락이 언제나 떨어져 있거나 손을 오므려서 내거나 하는 등등 손을 내미는 법도 정말 가지가지인 것이다. 만약 당신의 새끼손가락이 언제나 떨어져 있다면 그다지 사교적인 처지는 아닐 것이다. 이처럼 손을 내미는 순간 성격이나 생활의 일부, 가족과의 관계를 감정할 수 있는 것이다.

■ 다섯 손가락을 펴서 내민다.

보기에 시원스럽고 개방적이고 명랑 쾌활한 호인형이다. 소심하게 사물에 구애되지를 않고 재빠른 판단력과 행동성에 뛰어난 점이 특징이다. 반면 어떻게 되겠지 하는 사행심(射倖心)에 의지하는 낙천성으로 끈기가 없어 부딪친 일을 귀찮게 여기고 손을 털어 버리는 의지의 약함에 이어지는 단점이 있기 쉽다. 또 개방적인 성격인 까닭에 비밀을 지키지 못하거나 낭비버릇과 이어지는 금전상의 손재상(損財相)이 있다.

◘ 무지(拇指=엄지손가락)만을 벌려서 내민다.

온순한 바깥모양에도 불구하고 의외로 우유부단하지 않은 의지의 강함과 적극성을 지니고 있다. 자기의 의견을 꿋꿋하게 지켜나가는 고집도 있다.

지적(知的)인 면도 있지만 때로는 공연히 하찮은 일로 시비를 즐겨 남들과의 협조성이 결여되어 별난 짓을 잘하는 사람으로 오인되는 수도 있다.

■ 인지(人指=집게손가락)를 벌려서 내민다. (그림 a)

그림 a

독립 독보(獨步)의 기운(氣運)이 강한 형이다. 의뢰심이 없고 독립심이 강한 점이 특징이지만 도리어 타인과의 협조성이 결여되는 수도 있다.

사교성도 서툴고 이기주의로 흐르기 쉽고 반발심이 의외로 강하여 오해를 불러일으키기도 한다. 이런 형은 집단생활이나 공동사업에 적합하지 않다. 그러므로 대인관계에 신경을 써서 사교심을 배양하도록 노력하여야 한다.

■ 약지(藥指=약손가락)를 벌려서 내민다. (그림 b)

그림 b

앞의 인지를 벌려서 내미는 사람이 일반적으로 비사교적이어서 평이 안 좋은 데 비해 이와 같이 약지를 벌려서 내미는 사람은 집안에서도 엄하고 독선적인 형이다. 타인에 대해서는 친절하고 공손한데 가정적으로는 독선적인 행동을 하고 집안사람을 들볶는 형이어서 쉽게 불화나 충돌을 일으키는 경우가 있다. 평소부터 약지를 떼지 않도록 조심한다.

◘ 새끼손가락(小指)을 벌려서 내민다. (그림 c)

새끼손가락을 벌려서 내미는 사람은 언어에 의한 표현력이 부족하고 문장을 쓴다는 것이 고역인 경향이 있다. 또 과학에도 약한 단점이 있다.

다른 부분의 단점과 겹치면 자식운이 없는 경우가 많다.

그림 c

◘ 다섯 손가락(五指)을 붙여서 내민다. (그림 d)

무엇을 하더라도 사전에 충분히 확인하고서 행동으로 옮기는 신중파의 형이다. 꼼꼼한 성격으로 조심성이 있는가 하면 소심하고 신경질적인 면이 있다. 자기 분수를 알고 있으므로 크게 실패하지 않는 한편 기회를 놓치는 경우도 있다. 타인에게까지 꼼꼼하고 간섭적이며 완전성을 바라는 단점이 있어 사람들을 멀리하게 하는 경향이 있다.

그림 d

■ 손 전체를 오므려서 내민다. (그림 e)

그림 e

　성격상으로는 앞의 보기처럼 조심성이 있고 약간 소심한 면이 있으나, 물샐 틈도 없이 오므려서 내미는 버릇으로 봐서 야무진 사람이라고 봐야 한다. 심하게 말한다면 인색한 편이고 물질적, 금전적인 면에서의 계산이 능란하고 손해볼 일 같은 데는 얼씬거리지도 않는 관습이 몸에 배어 있다. 그러므로 금전운은 있다고 할 것이다.

손 모양의 관찰

큰 손, 작은 손, 단단한 손, 부드러운 손……. 손의 모양은 가지가지다. 그런데 이것은 몸통에 비교한 크기이다. 만약 당신의 그이 손이 미니형이라면 유순한 듯하면서도 의외로 담이 클 것이다. 또 무의식중에 대범한 행동을 하는 형이기도 하다. 즉, 성격의 일면이나 행동력을 판단할 수 있는 것이다.

손의 대소(大小)를 볼 때는 손의 피부색이 검은 편인가? 흰 편인가? 살결이 섬세한가? 거친가? 등등 손금 이외의 모양도 동시에 재빨리 볼 수 있어야만 수상을 감정하는 데 익숙해졌다고 할 수 있을 것이다.

만일 당신이 젊고 손을 보는 상대방 역시 젊은 이성(異性)일 때는 조금 곤란하다. 왜냐하면 손이 부드러운지 단단한지 직접 손을 잡아보지 않으면 모르기 때문이다. 그러나 그것이 괜찮다고 하는 사람은 반드시 잡아서 손바닥의 부드러움이나 단단함을 확인해 보도록 한다.

이를테면 젊은 남성의 손이 대단히 부드럽고 게다가 피부가 희고 살결이 섬세한 경우, 그는 신경질적이거나 예민하고 독선적이어서 이따금 방자한 일면도 있다는 것을 알 수 있게 된다.

지문(指紋)은 한평생 불변이고 만인 부동(不同)이다. 따라서 선천적인 성격이나 잠재적인 성질 운세(運勢)를 엿볼 수 있으나 지면(紙面)관계로 이 책에서는 언급을 피하고 다른 기회로 미루고자 한다.

손의 크고 작음을 본다.

◘ 큰 손

몸집에 비해서 큰 손을 가진 사람은 의외로 자세한 생각이 미치는 형이다. 주의 깊게 뜻하지 않은 것까지 배려한다. 조금 소심하고 겁이 많은 점은 있으나 번거로운 일도 싫어하지 않고 의외의 치밀성이나 재간의 발휘로 주위를 놀라게 하는 경우도 있다. 즉, 가려운 곳에 손이 닿는 장점이 있고 성격은 차분한 편이다.

여성인 경우는 사교가 능란하지 않으나 성실하고 부지런하다. 가정에서는 가사·육아에 몸을 아끼지 않는 성격으로 이상적인 주부형이다. 물론 남녀 함께 각 문선(紋線), 각구(各丘)의 상태에 대조하면 길흉의 강약이 달라지지만 생활에서의 승부, 꿈을 거는 모험이나 행동은 적은 편이다.

◘ 작은 손

몸집에 비하여 작은 손인 사람은 큰 손인 사람과 반대로 의외로 대범하고 당찬 편이다. 거기에다 육감이 예민하여 머리의 회전이 빠른 편이므로 기회 포착에 능란하다.

두뇌선이 양호하다면 사람을 지도하는 입장에 서게 되거나 실력 발휘의 기회를 재빨리 포착하여 출세하거나 하는 등의 자립도가 빠르다.

만약 두뇌선이 좋지 않으면 계획만 세우고 실천력이 모자라 큰소리만치는 허풍쟁이가 되고 말거나 때로는 과대망상에 젖어 실패를 거듭하게 될 경우도 있다.

손의 강유(剛柔)를 본다

여기서 말하는 손의 부드러움이나 단단함은 손의 표면 피부의 상태를 말하는 것이 아니다. 손바닥 내부의 살을 말하는 것이다.

■ 부드럽고 살결이 섬세한 흰 손

부드러운 손: 품위가 고상하기는 하나 아무래도 허영심이 강하고 제멋대로이거나 뻔뻔스럽고, 어느 정도 근면성이 결여되어 있으나 때로는 요령을 발휘하는 재주도 있다.

살결이 섬세한 손: 영리하고 품위도 있고 상냥한 면도 겸비하고 있다. 여성이라면 최고의 손이다. 남성인 경우는 다소 여성적인 경향을 풍기는 단점이 있다.

흰 손: 육감이 예민하여 사물의 먼 앞까지 생각하는 것은 길(吉)하지만 지나친 나머지 쓸데없는 걱정을 해서 헛수고를 해서는 안 되겠다. 기회는 잘 포착하지만 요령을 너무 피우

지 않도록 조심해야 한다. 그러나 취미는 고상하고 예술·문학·예능 방면의 선천적 재능은 있는 편이다. 반면 경계심이 강한 까닭에 오해를 받기 쉽고 마음을 주고받을 친구를 갖기가 힘들 것이다.

이상을 종합해 보면 부드럽고 살결이 섬세하고 흰 손인 사람은 겉보기보다는 속이 알차지 못하여 사교도 처음은 괜찮으나 갈수록 결함을 드러내는 단점이 있다.

◘ 단단하고 살결이 거칠고 거무스레한 손

단단한 손: 의지가 강하고 행동력도 풍부하다. 요령은 별로 좋은 편은 아니지만 성실하여 차근차근 자기의 길을 나가는 노력형이다.

살결이 거친 손: 선천적으로 타고난 육감은 조금 예민한 편이고 사나이다우나 여성은 다소 남성적인 일면이 있어서 다른 부분과 합하여 때로는 거칠고 품위가 없는 면을 느끼게 하기도 한다.

거무스레한 손: 예민성이 없는 대신에 침착하게 생각하는 신중함이 지레짐작이나 실패를 적게 한다. 또 사물에 대한 끈기가 있고 정신력도 굳어서 감정에 잘 사로잡히지 않는 이점이 있다.

이상을 종합해 보면 단단하고 살결이 거칠고 거무스레한 손을 가진 사람은 표면으로는 대인관계가 좋지 않아서 호감을 받기가 힘들게 느껴지지만 오래도록 교재하면 감추어져 있는 성실성이 매력의 포인트가 된다고 할 것이다.

손의 색깔을 본다

손의 색은 주로 손바닥의 색으로 판단함을 말한다. 색을 관찰할 때에는 다음 사항의 주의가 필요하다.

- 대단히 무더울 때, 추울 때
- 술을 마시고 있을 때
- 무엇을 오래도록 움켜쥐고 있었을 때, 힘껏 주먹을 움켜쥐고 있었을 때

이런 때에는 변색이 되어 있으므로 본연의 색상이 나타나지 않는다.

여성인 경우는 사춘기 또는 생리가 시작되는 경년기, 생리일 특히, 언제나 불순한 사람 등은 혈류(血流)의 혼란이 있는 까닭에 틀리게 보기 쉽다.

건강한 손의 색: 아름다운 보랏빛을 하고 있으며 윤기가 있다. 이 같은 손의 색의 사람은 활기와 정력이 풍부하고 성격적으로는 명랑하며 성적(性的) 매력도 있어 희망에 충만해 있음을 나타내고 있다.

붉은 색: 정신적으로나 육체적으로나 대단히 건강해서 원기

가 발랄하다. 사물에는 집중성이 있고 적극적이다. 반면 성미가 급해 성내기 쉽고 때로는 벌컥 하는 행동을 취하는 수도 있다. 또한 쉽게 뜨거워지고 쉽게 식는 단점의 일면도 있다. 폭음, 폭주를 삼감이 중요하다.

투명한 듯 푸른 기가 있고 흰 색: 독선적이고 자존심이 강하고 언제나 자기중심적이어서 남에 대한 동정심이 결핍되기 쉽다. 또 활동성이나 실행력이 부족하여 마음속으로 꿈을 꾸고 있는 멍청한 면도 있다. 빈혈인 사람이 많을 것이다.

청청 색: 신경질적이다. 남의 소문을 필요 이상 의식하고 혼자 언제나 고민하거나 사물을 비관적으로 생각하는 경향이 있다. 따라서 친구들과는 잘 어울리지 않게 되기도 한다. 결단력이 둔한 까닭에 찾아온 기회도 놓치거나 한 걸음 뒤져서 손해를 보기가 십상이다. 쓸데없는 걱정이 앞길을 막아버리기가 쉽다.

거무스레한 색: 소화기 계통이 약한 편이다. 다소 음성적이며 소극적이다. 실력이 있음에도 망설이는 경향이 있다. 언제나 마무리 단계에서 주저앉아 버리는 끈기 부족으로 손해를 보기 쉽다. 요령도 나쁘고 대인 관계도 능란하지 못하다. 직장이나 윗사람 운이 없는 편이라 할 수 있다.

진 누른 색: 제법 성질이 까다로운 면이 있다. 한 가지 일에 빠져서 다른 일을 돌보지 않는 형인데 학구파(學究派)의 사람이 많다. 건강면에서도 자칫 피로를 느끼기 쉬운 편이다. 쾌활 명랑성이 적고 때로는 음울한 느낌을 상대방에게 주어서 사교운이 없는 색상이다.

진 붉고 얼룩이 많은 색: 사교성을 노력으로 보충하는 형이
지만 성미를 자주 부리기 쉽고 마음속에 야심이나 희망을 가
지고 있으면서도 적극성의 부족으로 쓸데없이 이를 억제해
버리는 경향이 있다. 성격면으로는 의외로 독선적이고 감정
적이어서 마음씀에 얼룩덜룩한 면이 있는 편이다.

수형(手型)을 보는 법

　수상이라고 하면 곧바로 손바닥의 선, 이를테면 생명선이 짧다든지 감정선이 길다든지 하는 데 중점을 두는 사람이 많다. 그러나 수형(手型)을 보는 것도 결코 등한시해서는 안 되는 수상 감정의 대상이다. 손을 내미는 버릇이나 손의 크고 작은 것과 합쳐서 판단해 간다면 성격의 경향 등은 대단히 정확하게 적중시킬 수 있다.

　수형(手型)은 다음 일곱 종류로 구분할 수 있다.

첨두형(尖頭型)…백어(白魚)처럼 희고 가느다랗게 고운 손

원추형(圓錐型)…통통하게 살찐 손

결절형(結節型)…손가락 사이에 틈새가 있고 뼈마디가 굵은 손

주걱형(型)…손가락 끝이 네모지고 엷은 손

사각형(四角型)…모나고 딱딱한 손

원시형(原始型)…손가락이 짧고 보기에도 흉한 손

혼합형(混合型)…특정의 모양이 없는 손

　제각기 특징이 있는 성격을 가지고 있거니와 각설하고 당신의 수형(手型)은 어느 것에 해당할까?

　둥근 느낌? 아니면 네모? 또는 둥글고 네모진 느낌일까?

이것 같기도 하고 저것 같기도 할 것이다. 이 수형의 종류는 기본적인 분류이므로 이 외에 둥글고 통통하면서도 네모진 느낌의 손일 수도 있는 것이다.

이를테면 손가락의 모양은 가늘고 날씬하며 미끈해서 백어형(白魚型)인 것 같은데 손바닥은 좀 모가 있는 경우가 있다. 또한 손가락 사이에 좀 틈새가 있기는 하지만 전체적으로는 유달리 뼈마디가 굵지는 않을 경우도 있는 것이다.

즉, 순수한 종류의 수형(手型)은 아니고 다른 형도 뒤섞여 있기도 한 것이다. 그렇지만 그것을 판별하자면 어떻게 할 것인가?

이제부터 서술해 보겠다.

첨두형(尖頭型)의 손

손 전체가 희고 가늘며 보기에 아름다운 손이다. 유달리 손의 폭이 좁고 손가락이 날씬하고 끝 쪽을 향해서 미끈하게 가늘어지고 손가락의 관절도 거의 눈에 띄지 않는다. 그런 외형이라면 백어(白魚)형의 손이라고 일컬어진다. 성격은 신경질이며 정서가 안정되지 않는 결함이 있다. 사소한 일에 구애되어 지나치게 걱정하는 형이다. 또한 침착성이 없고 변덕이 있는 성향(性向)이라고 하겠다.

낭만적인 성격이 강하고 실현 불가능한 사랑이나 이상(理想)을 추구하고 신분에 걸맞지 않은 사치와 호화스러움을 좋아하지만 육감의 번쩍임이 날카로우므로 두뇌선이 양호하다면 예술가, 배우 등으로 적격한 재능이 있다.

또 감정을 표현하는 데 능란하고 연애하는 것을 즐기는 점도 그것을 표현하는 역할의 배우와 같은 직업에 알맞다고 하겠다.

인간관계는 상대방의 기분을 포착하는 데 재빨라서 호화롭고 밝은 무드의 교재를 좋아하고 사교성이 풍부하다. 사람들에게도 호감을 주지만 기분에 지배되거나 감정에 사로잡히는 결함으로 마음을 주고받을 친구를 얻기 힘들다고 하겠다. 이러한 성격이 이성(異性)과의 교재에서는 사랑을 쫓고 사랑을 즐기는 경향으로 흐른다.

건강면은 호흡기계, 소화기계의 질병에 걸리기 쉽고 그렇게 되면 오래 가기 쉽다.

원추형(圓錐型)의 손

손 전체 손가락 끝도 둥글고 통통한 느낌을 주는 손이다. 피부가 부드럽고 관절은 눈에 띄지 않고 시원스럽게 손가락까지 뻗어 있다. 앞의 「첨두형」과 비슷한 손이지만 혈색이 조금 붉은 빛을 띠고 있어서 「첨두형」과 같이 희지는 않다. 크기로 말하면 중형이어서 엄지손가락의 밑 부분의 둥근 정도와 새끼손가락의 미끈한 선이 특징이다. 통통한 손등에 보조개와 같은 오목(凹)한 부분이 있는 경우도 있다.

성격은 밝고 남들의 사랑을 받는 형이다. 순응성은 강하지만 다소 독선적인 데가 있고 사소한 일로 곧잘 감동하거나 동정하거나 분노하거나 울부짖기도 한다. 달리 예술·예능적 수형이라고도 일컬어지며 공상적·감각적이고 직감력도 강하고 음악 등 예술·예능 방면에 뛰어난 재능을 가지고 있다. 감수성이 예민하고 이해력도 뛰어나서 표현력도 풍부하다. 감성(感性)과 표현력으로 많은 사람에게 호소하는 예술가, 예능가, 강연가 등의 직업에 적격이다.

그런데 모처럼의 착상이나 직감력도 계획성이 부족하거나 인내력이 부족해서 좀처럼 실행으로 옮길 수 없는 약점이 있다. 원추형에서도 손이 단단하고 탄력이 있고 두뇌선이 좋으면 실력을 발휘할 수 있다. 「첨두형」에 비하면 보다 현실적인 꿈을 구하고 정신적인 감동을 좇는 수형(手型)이다.

결절형(結節型)의 손

전체적으로 뼈마디가 두드러진 손이다. 굵직하고 튼튼한 편인 손은 길고 크고 색상은 청백의 부류에 속한다. 손가락 끝은 원추형이고 손톱은 긴 편이 많은 것 같다. 철학적인 손가락이라든가 지적인 손이라고 일컬어지며 정신적인 분야를 추구하는 사람이다.

반면 물질면이나 금전면에 소원하고 담박하다. 재물보다는 명성을 더 좋아하는 사람이라고 하겠다. 연구심이 강하고 사물을 숙고하는 관습을 지니고 있고 하나의 문제를 전문적으로 파고들면서 연구하는 학자에게 많은 손이다.

한두 번의 실패에도 꺾이지 아니하고 반성하면서 거듭 부딪쳐 나아가는 인내력도 있다. 감정에 사로잡히지 아니하고 이론으로만 나아가는 경향이 있으나 지나치게 신중하여 좀처럼 실행으로 옮겨가지 않는 결점이 있다.

성격은 비교적 과묵한 비밀주의자, 고독을 즐기는 나머지 대인면의 좋고 싫음이 심하고 자기의 울타리에 침잠(沈潛)해 버리고 만다. 여성은 결벽가(潔癖家), 남녀 다같이 도(度)가 지나치면 편벽(偏僻)하고 비굴하여 타인으로부터 경원시(敬

遠視)된다.

직업으로서는 학자, 연구가, 종교가 등 신비적인 일이나 정신면이나 심리면의 연구, 혹은 취미와 겸비하여 골동품류를 수집하는 것도 좋을 것이다.

동양인, 특히 인도 사람에게 많은 수형이다.

사각형(四角型)의 손

손의 아랫부분, 엄지손가락의 뿌리와 새끼손가락 쪽의 밑 부분이 모가 나서 손 전체가 사각형처럼 보이는 손이다. 보통 큰 손인 편이다.

손가락은 밑뿌리로부터 선단까지 원통형이고 손톱은 여러 가지 형을 이루고 있어서 어떤 형이라고 말할 수는 없다.

이 손은 실제형이라 일컬어지며 건실하고 다소 보수적인 면이 있다. 외관보다 실질을, 이상(理想)보다 현실을 택하는 형이다. 성격은 성실하고 습관에 따라 규칙적으로 생활을 해나가는 사람이다.

「척하면 척」인 예민성은 있으나 독창력, 상상력, 기회를 포착하는 재빠름이 결여되어 있다. 한 가지 일을 인내심 강하게 지키며 차근차근 부지런히 밀고 나가는 사이에 어느덧 지반을 구축해 버리는 자수성가형이다. 남들과의 다툼이나 시비를 좋아하지 않으며 한번 마음먹으면 좀처럼 의지를 바꾸지 않으므로 때로는 완고하다는 평도 듣기 쉽다.

우정(友情)은 깊고 두터운 편, 다만 융통성이 없고 사교성이 부족하므로 친구는 적은 편이다.

남성은 가정을 사랑하며 책임감이 강하고 약속한 일은 충실하게 지키는 신용 있는 사람이다.

여성은 가정적이며 요리나 가계를 꾸려나가는 솜씨가 능란하다. 모성애가 남달라서 육아에도 열심이고 가정주부로서는 이상적이라 할 수형(手型)이다. 다만 표현력의 부족으로 사랑을 고백하지 못하고 속으로 앓거나 겁이 많아서 기회를 놓치기 쉬운 결점이 있다.

주걱형(型)의 손

밥주걱 모양으로 손가락 끝이 조금 넓어진 손이다. 살무사의 머리 같은 손가락 끝이라고 하겠다. 손목에 가까운 부분 혹은 무지(拇指=엄지손가락)를 제외한 네 손가락의 밑뿌리 부분이 폭 넓은 것이 보통이다.

발명가의 손이라든가 활동가의 손이라고 일컬어지며 가만히 있는 것을 질색한다. 묵묵히 실행에 옮기는 무언실천형이다. 모든 일에 대하여 정력적이며 창조적인 개성을 발휘한다.

별칭(別稱) 개척자의 손이라고 일컬어지듯 탐험가, 발명가, 기사 등 이런 방면의 세계를 적극적으로 개척해 나가는 사람이 많은 편이다.

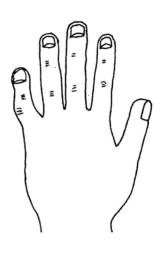

성격도 의지도 강하고 자신이 넘쳐 있어서 낡은 관습에는 구애되지 않는다. 다만, 그것이 너무 강하게 노출되면 현실타파로 연계되어 주위의 비난이나 오해를 받게 될 경향이 적지 않다.

애정면에서도 사랑의 무드를 즐기기보다는 단도직입적으로 의지에 호소하는 형이다. 교제 중에도 자기를 수식(修飾)하지 않는 소탈함이 호감을 산다.

여성은 전반적으로 재주가 있어서 일상생활에서도 여러 가지 아이디어를 활용하거나 연구하는 형이다. 바쁜 가운데서도 새로운 것이나 편리성을 살려 나가고자 노력을 아끼지 않는 사람이지만 조금 떠버리형이다.

이와 같은 수형(手型)으로 손 전체가 얇고 부드러운 사람은 박정(薄情)하거나 향락적이고 사소한 일에도 흥분을 잘하는 사람이다.

원시형(原始型)의 손

손바닥 부분이 유달리 크고 굵직하며 튼튼하다. 손가락도 굵고 짧으며 살결이 거칠고 피부색도 검은 경향이 많다. 손톱은 짧고 단단하다.

원시형이란 이름대로 보기에도 투박하고 조잡한 인상을 주는 손이어서 보기 좋은 수형은 아니다. 이러한 원시적인 수형을 문명 국민 사이에는 볼 수 없다 여길지 모르나 여기에서의 원시형이란 인류문화가 발달한 현재에 있어서의 원시형인 것이다. 다소간 원시적 요소를 지니고 있는 수형이라 해석할 수 있다.

그런데 성격은 소박 단순하고 성실한 면이 장점으로 평가되지만 사물을 논리적으로 파고들며 생각하거나 탐구해 나가는 것이 서툴다. 융통성이 부족한 까닭에 입는 손실과 지레 짐작해 버리는 것이 결함이다.

지적인 면은 약한 경향이 있으나 식욕이나 정욕에 대해서는 본능적으로 예민성을 발휘한다. 따라서 양자를 조절하는 이성(理性), 즉 두뇌성이 좋지 않으며 동작이나 언어가 거칠고 단순한 감정적 행동이 두드러져서 타인을 불쾌하게 만들므로 주의할 필요가 있다.

직업은 유행의 첨단을 가는 것은 알맞지 않다. 애정은 깊어서 한번 마음먹으면 외곬으로 달려 사랑하는 순정성을 지니고 있다.

다만, 사랑의 표현이 능숙하지 못하여 여인의 마음을 휘어잡기가 힘들다.

혼합형(混合型)의 손

이것이 혼합형의 손이라고 말하기는 어렵다. 이 형을 분별하려면 손가락의 모양을 보아야 한다. 엄지손가락과 새끼손가락을 제외한 세 손가락이 제각기 다른 모양을 하고 있는 것이다. 중지는 주걱형, 약지는 결절형 등으로 특정의 모양이 없다. 오지(五指)가 모두 다른 모양을 하고 있는 경우도 있다.

성격은 여러 가지 형의 영향을 받으므로 복잡한 양상을 띠고 있다. 이 복잡 다양한 성격은 침착성이 결여되어 변덕이 많은 성격으로 여러 가지 형태로 나타난다. 즉 직업 생활에도 변화가 많고 싫증을 자주 낸다.

장점으로는 적응 능력이 뛰어나서 어떤 환경에도 쉽게 융

합하는 것이다. 화제도 풍부하고 사교성도 풍부하다. 화술도 교묘하며 정치면에서 세속적인 이야기, 재담에 이르기까지 화제가 다양하며 입도 손재주도 겸비한 형이라 하겠다.

취미의 폭은 넓고 미술, 음악, 스포츠 등 각종 게임에도 능하고 박식하여 모르는 것이 없을 정도이다. 다만, 깊이가 없어 무엇인가 한 가지 뛰어난 재능을 발휘하지 못하여 평범함의 영역을 벗어나지 못하는 결점이 있다.

수상(手相)을 보는 요령

수상을 잘 보는 요령은 기초부터 정확하게 배우는 것이 중요하다. 그러자면 손의 각 부분이 의미하는 것을 확실히 기억하고 그것을 연결하면서 겹쳐지는 특징을 간추려 나가야 한다. 전반적 운세를 보는 경우, 또 어떤 문제에 중점을 두고 보는 경우에도 결코 기초를 잊어서는 안 된다. 어느 일부분의 특수한 것만으로 단정을 내리거나 들은 풍월의 얄팍한 지식으로 함부로 불행한 인생으로 판단하고 비관하는 것은 옳지 못한 일이다.

일반적으로 수상이라 하면 곧 손금을 보는 것이라고 생각하지만 손금만이 수상의 전부가 아니다. 손의 상태나 수형의 종류, 손가락의 장단이나 균형, 손톱이나 장구(掌丘) 등을 살핀 뒤에야 손금을 관찰하는 것이며 아울러 색깔이나 지문도 참고로 하여 판단을 내려야 하는 것이다. 또한 인간은 누구나 장점과 단점을 가지고 있으며 그것은 고정된 것이 아니라 시시각각 변하는 것이다. 그 반영이 손에 나타나는 것이므로 장점이 있다면 이를 신장하고 결점이 있다면 흉(凶)으로 발전하지 못하도록 하는 것이 전운명학(全運命學)의 활용이며 불행을 미연에 피하고 개운과 연결되도록 노력하는 것이 관건인 것이다.

수상은 과거를 알고 현재를 관찰하고 미래를 예지하는 학문의 하나이다. 수상을 알게 됨으로써 손해, 약점, 불량에 구애되지 않고 그것을 충분히 인식하여 개운의 계단을 한 걸음 한 걸음 착실하게 올라가는 것을 목표로 수상을 보아야 한다.

손가락을 보는 법

　인간에게는 태어나면서부터 타고난 성격·환경(선천성)과 성장하고 공부하고 노력함에 따라서 변화해 가는 성격·환경(후천성)이 있다.

　선천적인 것으로는 태어나면서부터 뇌(腦)의 일부에 이상이 있거나 몸의 일부가 변형되어 있는 경우를 말하며 그것을 제외하면 후천적인 노력이나 수양 등에 의하여 바뀌지게 되는 것이다. 더욱이 현재는 의학의 진보와 심리 연구 등의 발달도 있고 옛날 같으면 손을 들어버릴 질병이나 결함까지 완치되고 호전되는 일이 많다.

　따라서 선천적 성격이라 해서, 즉 나는 태어날 때부터의 성격이므로 고칠 수 없다고 체념해 버린다는 것은 옳지 못하다. 수상의 경우도 같다. 선천적인 나쁜 일면이 있을지라도 거듭되는 노력으로 결함을 고쳐 나가면 수상마저도 변화되는 것이다.

　그런데 그런 의미로써의 수상을 나누어 본다면 손바닥은 그 사람의 선천적인 것이 많이 나타나 있다. 이를테면 생명선, 두뇌선, 감정선의 굵은 선은 선천적인 것이지만 그 본선에서 나와서 변화하는 지선(枝線)은 후천성인 것이다.

　그리고 손가락이란 것은 그 사람의 선천적인 면과 세련된 정신면을 볼 수 있다. 이를테면 손가락 끝에 있는 지문, 이것은 만인부동(萬人不同) 불변의 것이므로 선천적인 것이다. 손톱의 모양도 마찬가지이다.

그러나 손가락에 생기는 손금(紋線) 각 마디의 살이 부풀어 오른 상태나 색, 그리고 손톱에 생기는 변화 등은 후천적인 것이다. 보다 나은 후천성을 배양하는 것이 개운(開運)의 열쇠가 되는 것이다.

손가락의 명칭(名稱)과 의미(意味)

약지(藥指)는 중지의
끝마디(末節)의 3/4까지

인지는 중지(中指)의
끝마디(末節)의 1/2까지

소지는 약지의
중절(中節)까지

말절

중절

기절

약지

중지

인지

소지

엄지손가락(무지)은
인지(人指)의 기절
(基節)의 1/2까지

무지
(엄지)

중지의 길이는
손바닥의 3/4

무지(拇指)

지배력, 성쇠운, 건강도 등을 나타낸다. 표준보다 긴 사람은 지배력이 강하고 사람들의 중심인물이 되거나 물질적으로도 행운을 타고났다.

인지(人指)

야심, 자존심 등을 나타낸다. 긴 사람은 자존심이 강하고 독단적인 성향(性向)이다.

중지(中指·장지·토성지)

경계심, 주의력 등을 나타낸다. 긴 사람의 신경이 예민하고 사소한 일에 곧잘 고민하는 성향이다.

약지(藥指·무명지)

미적 감각, 승부운, 형제자매 등을 나타낸다. 긴 사람은 미술 예능면의 재능이 있으나 놀음에 손을 대기 쉽다.

소지(小指)

내면적인 성격을 나타낸다. 긴 사람은 혈통이 좋고 기민성이 풍부하며 표현력도 뛰어난 성향이다.

무지(拇指)를 보는 법

각 손가락에는 제각기 표현하는 의미가 있고 또 그 장단에 의한 의미의 개략은 74·75쪽에 별기(別記)를 하였으니 참작할 것. 특히, 무지(拇指=엄지손가락)와 새끼손가락(小指)은 중요시해서 관찰하도록 한다.

무지(拇指)의 모양에도 여러 가지가 있는데 먼저 그 모양으로 판단하기로 하자.

■ 손가락 끝의 살붙음이 두껍고 단단한 경우 (그림 a의 ㉮)

이 부분이 두껍게 부풀어 올라 있다

그림 a

상당히 완고한 면이 있다. 사물에 대한 감각은 조금 둔하거나 느린 편이다. 무슨 행동을 할 때에도 신중하지 못하고 조잡(난폭)한 까닭에 남의 오해를 사기 쉽다. 또 취미나 좋아함이 현실적이고 사람이 싫어하는 것에 흥미를 느끼는 경향도 있다.

■ 손가락 끝이 폭 넓게 펴져 있는 경우 (그림 a의 ㉯)

무지(拇指)를 표면에서 볼 때 손가락 끝이 폭 넓게 펴져 있는 모양의 경우는 독선적인 면이 강한 사람이다. 특히 남성은 오른쪽, 여성은 왼쪽의 무지(拇指)에 이 모양이 있다면 가정 내에서의 독선, 고집이 강한 편이다. 반면 남성의 왼쪽, 여성의 오른쪽에 이 모양이 있다면 직업면에서나 상사에 대하여 고집을 부리는 버릇이 있거나 해서 손해를 자초하기 쉬운 형이다.

■ 손가락 끝의 가운데가 가늘어져서 날씬하고 미끈한 경우 (그림 b의 ㉮)

이 형이 지닌 의미는 정신면과 교제면의 상태나 그 개성면에 대한 것이다. 여성은 오른쪽, 남성은 왼쪽 손무지(拇指)가 이 모양일 경우에는 사교성이 탁월하다. 특히 의식하지 않고서도 주위의 사람들에게 상냥하고 호감을 주는 사람됨을 나타낸다. 여성의 왼쪽, 남성의 오른쪽이 이 형이면 정신면의 상냥함과 풍부성이 모르는 사이에 가족에게도 영향을 미치게 하거나 조상이나 신불을 소중히 하는 성향(性向)이다.

㉮ 가운데가 가늘어져서 날씬하고 미끈하다

㉯ 가운데가 가늘어짐이 없이 통통하다

그림 b

■ 손가락 끝의 가운데가 가늘지 않고 통통한 경우 (그림 b의 ㉯)

비교적 많은 형이다. 이 형이 표시하는 의미는 성격과 행동, 그리고 취미이다.

남녀 모두 성격은 원만하고 다툼에 휘말려도 끝에 가서는

화해하려고 노력한다. 또 행동은 극단을 싫어하고 상식에서
벗어난 일은 하지 않는다. 취미도 고상한 편이다.

■ 모양이 보기 안 좋은 경우

언뜻 보아서도 모양이 보기가 안 좋다. 이 형이 지닌 의미
는 사고면(思考面)과 감수성이다. 남녀 모두 좌우의 무지(拇
指)가 이 형이라면 사물에 관한 사고는 단순한 경향을 띠고
있다. 악기(惡氣)가 없는데도 깊이 생각하지 않는 행동으로
오해나 실패를 자초하는 원인으로 될 것이다.

행동면에는 다소 거친 편이 돋보인다. 또 애정면으로도 감
도(感度)가 양호하다고는 할 수 없다.

인지(人指)를 보는 법

인지(집게손가락)는 곧게 뻗어 있고 흠이나 점도 없이 표
준인 것이 보통이다. 볼 때는 길이만이 아니고 굵기도 외면
해서는 안 된다. 다른 손가락과 비교하여 더 굵은 경우는 표
준보다 긴 경우와 같은 의미를 지니게 된다.

만약에 흠이나 점이 있다면 인지(人指)가 지니고 있는 지
배력, 향상심을 훼손케 한다고 보아야 한다.

■ 옆으로 굽어 있는 경우 (그림 ㉯)

남성에게 있어서 왼손 인지가 옆으로 굽어 있을 때는 사람

을 지배하는 윗자리에 있을 경
우에 대체적으로 무척 고생하게
마련이다.

또한 저승점이나 연필로 찌른
뒷자리가 태어날 때부터 타고난
멍(田斑)처럼 되어 있는 경우도
같지만 아무래도 야심이나 향상
심이 좌절되어 마지막 한 걸음
에서 물거품이 되기 쉽다. 후천
성의 경우도 같다.

■ 앞으로 굽어 있는 경우 (그림 ㉯)

손가락 끝이 살무사의 머리처럼 앞으로 굽어 있으면 손버
릇이 나쁜 게 아닌가 하고 지칭(指稱)될 듯하지만 소지(小指
=새끼손가락)의 항목에서 말한 것처럼 그렇지 않다.

도리어 소극적으로 되거나 신중함이 지나칠 정도의 형이
다. 다만 신용문제로 억울한 누명을 쓰기도 하고 노력한 만
큼 명예를 얻지 못하게 되는 손해를 입는 경우가 있다.

소지(小指)를 보는 법

소지(小指=새끼손가락)를 볼 때에는 무지(拇指)와 한 쌍으
로 봐야 한다. 무지가 좋지 않으면 소지도 좋지 않은 경우가

많은 까닭이다.

또 소지는 다른 손가락과 달라서 손가락의 길이가 표준보다 길지라도 단점으로 판단되지는 않는다. 다만 극도로 짧을 때에는 여러 가지 불리한 면이 생기게 될 것이다.

◼ 굽어 있는 경우

소지(새끼손가락)는 어쩐지 귀여움을 느끼게 한다. 어린아이와 서로 무엇을 약속할 때 새끼손가락을 걸고 맹세한다. 이런 때는 절대로 인지(人指)나 중지(中指)를 거는 일은 없다. 정말 재미있는 일이다.

또 예로부터 손버릇이 나쁜 것을 나타낼 때, 인지를 굽혀서 나타냈지만 이것이 틀린 것이다.

사실은 그러한 뜻을 표시하는 손가락은 소지(小指)와 약지(藥指)에 있는 것이다. 즉 소지가 굽어 있는 것이다.

이 경우 어느 쪽으로 기울어져서 날씬하고 미끈하게 굽어 있는 것이 아니라 뚜렷하게 굽어 있어야 한다. 동시에 소지의 길이가 표준보다는 더 짧거나 흠이 있거나 저승점이 있을 때에는 생각하지도 않은 때에 생각하지도 않은 버릇이 나와 범행을 저지르거나 거짓말 등으로 남을 속이는 일에 능란하다.

중지(中指)를 보는 법

다섯 손가락의 중심이 되는 손가락이다. 좌우 어느 쪽으로도 기울지 않고 홈이나 점 등의 결함이 없으면 길(吉)하다. 자기를 나타내는 손가락이므로 똑바로 뻗어 있기를 바라고 싶다. 또 각 마디의 간격이 비슷한 정도이면 상식가이며 자기의 직분에 대해서도 성실하게 노력하는 형이다.

◨ 약지(약손가락=藥指) 쪽으로 굽어 있는 경우 (그림 a)

중지를 「자기」라고 한다면 약지는 혈육으로 본다. 따라서 약지 쪽으로 굽어 있는 경우는 혈육에 대하여 변칙적으로 의지하게 되는 것이 되고 구체적으로는 혈육에 폐(弊)를 끼치게 되는 경우가 많이 있는 편이다.

그림 a

◨ 인지 쪽으로 굽어 있는 경우 (그림 b)

인지는 타인이 되는 것이므로 남에게 폐(弊)만 끼치게 되는 일이 많은 것을 의미한다. 어느 쪽이건 성격적으로 삐뚤어져 있는 편이다.

그림 b

■ 앞으로 굽어 있는 경우 (그림 c)

중지는 주의력이나 경계심의 강약을 보는 손가락이므로 앞으로 굽어 있는 경우는 주의력이나 경계심이 강하다고 판단한다.

다만, 극도로 지나치게 굽어 있을 때는 너무나 경계심이 강한 나머지 사람을 보면 도둑으로 생각하는 것처럼 의심증이 많아서 교제면에서의 인화(人和)가 없는 결과가 될지도 모른다.

그림 c

약지(藥指)를 보는 법

중절(中節)이 좁고 가늘다
말절(末節)
난문(亂紋)
점

약지(藥指)는 미에 관한 감도의 강약이나 예술·예능면에의 이해나 재능의 유무를 나타낸다. 이를테면 외국의 예술가로서 거장(巨匠)이니 천재니 하는 피아니스트의 손가락을 보면 이와 비슷한 것이다.

또 손가락의 길이와 함께 각 마디의 길이의 균형과 흠의 유무, 살이 어떻게 붙어 있는가를 보는 것도 요령이다.

만약 약지가 표준의 길이라 할지라도 손가락의 폭이 다른 손가락과 비교하여 굵다든지 각 마디의 길이가 균형을 이루고 있어서 그 각 마디마다 보기 좋게 살이 부풀어 있을 때에는 표준보다 길다는 의미가 되는 것이다. 즉, 미에 대한 감도가 좋고 예능·예술면의 이해가 탁월하다는 것이 된다.

놀음운 등은 손가락의 길이와 가운데 마디의 상태, 흠, 점의 유무, 손가락의 굽이 등으로 판단해 나간다.

�“ 굽어 있는 약지(藥指)

이 손가락이 굽어 있을 때는 말할 것도 없이 미에 관한 감도가 둔하고 이해력이 부족함을 나타낸다. 뿐만 아니라 미나 상냥함에 대한 편견적인 성격으로 미를 악용한 사기행위 등으로 치닫기 쉬운 경향이 있다. 만약 가운데 마디에 살이 없거나 난문(亂紋)이 있거나 흠, 점이 있다면 놀음을 좋아할지라도 결과적으로는 손재주나 실패에 부딪히게 될 것이다.

손톱을 보는 법

손톱은 피부가 각질화(角質化)한 것이며 피부의 연장이라고 하겠다. 따라서 손톱은 체질을 탐지하는 창문이며 건강의 측정 수단이 될 수 있는 것이다.

손톱의 기본적인 모양은 불변(不變)이지만 그 개개(個個)의 손톱 가운데 형상(形狀)의 변화나 색의 상태를 관찰함으로써, 질병의 조기 발견이나 걸리기 쉬운 병을 미리 짐작할 수가 있다. 또한 옛날부터 성격이나 운세(運勢)의 판단에도 활용되어 왔었다. 손톱점(占)이라는 말이 있는 것을 보아도 알 수 있는 것이 아니겠는가?

되풀이해서 말하건대 피부의 연장이며 내장을 망진(望診)하는 창문이 손톱이므로, 하루하루의 건강 상태를 손톱으로 살피는 습성도 중요한 것이다. 그러자면 손톱의 반달과 손톱 그 자체의 색을 관찰해야 한다. 무엇보다도 먼저 반달이 언제나 몇 개의 손가락에 나와 있는가를 알아두어야 한다.

이를테면 반달이 모든 손톱에 조금씩이나마 고루 나와 있다면 심지가 튼튼한 예이다. 더군다나 생명선이 굵고 뚜렷하다면 다소의 질병에는 끄덕도 하지 않는 형이다.

반대로 어느 손톱에도 반달이 보이지 않을 때나 나와 있어도 약간인 경우 등 여러 가지이겠지만 요컨대 반달의 나와 있는 상태가 평소보다 작아진 경우는 신체의 피로 혹은 변조 (變調)를 고하고 있는 것이라고 보는 것이다.

또 좌우 어느 쪽이건 무지(拇指)의 손톱에 윤기가 없고 색상이 좋지 않을 경우에는 심장이 고단한 표시이다. 만약 반달의 색상이 평소에 비하여 나쁘거나 특히 불그스레해진 경우는 생리면의 불조(不調)에 주의할 필요가 있다.

손톱의 형상(形象)과 의미(意味)

손가락을 덮어 씌운 것처럼 보인다

결핵 손톱

3 5

긴 손톱

4 5 이 부분이 얇다

큰 손톱

3 4

보통 손톱

전체적으로 작다

작은 손톱

폭이 좁다 말절의 1/2보다 길다

좁은 손톱

4 3

넓은 손톱

말절의 1/2보다 짧다

짧은 손톱

한쪽이 높다

전체적으로 굽어 있다

변형 손톱

역삼각 손톱

삼각손톱

조개 손톱

●**보통 손톱**: 손톱의 길이와 폭의 비율이 4대3으로 각 손가락의 끝마디 1/2를 차지하고 있는 것이 표준이다. 모양이나 색이 좋으면 건강하고 쾌적한 생활을 보낼 수 있다.

●**큰 손톱**: 손톱의 길이를 5라고 하면 폭이 3대4의 비율이 된다. 손가락 끝마디의 1/2 이상을 차지하고 있는 크기이므로 손톱이 손가락의 끝머리 전체를 덮고 있는 것 같은 느낌을 준다. 성격상으로는 온순하고 호흡기계의 지병에 조심해야 한다.

●**긴 손톱**: 길이와 폭의 비율이 5대3이다. 손가락 끝마디의 1/2 이상의 길이지만 손가락 끝의 주위와 손톱과의 사이는 보통이다. 성격적으로는 침착성이 있으나 한편으로는 소극적인 면이 있겠다.

●**결핵 손톱(숟갈 손톱)**: 큰 손톱의 일종으로 둥글고 커서 숟가락을 손가락 끝에 덮어씌운 듯이 보인다. 결핵 제1기 때의 손톱에서 거의 볼 수 있는 모양이다. 색이 자색이 되든지 윗뿌리에 힘줄이 있는 것은 병의 진행을 나타낸다.

●**짧은 손톱**: 길이와 폭이 비슷한 모양으로 손가락 끝마디의 1/2보다도 작은 손톱이다. 머리가 좋고, 탐구심이 강하다. 남들과 이론적으로 따지기를 좋아하는 성향이다.

●**넓은 손톱**: 길이와 폭의 비율이 3대4로 세로(縱)보다는 가로가 더 길어서 손가락 끝마디의 1/2보다 작은 손톱이다. 성격이 급해서 손해를 보기 쉽다. 손톱이 네모진 경우는 상식가이다.

●**좁은 손톱**: 길이와 폭의 비율이 5대2 정도로 손가락 끝마디의 1/2보다는 더 길쭉하고 폭이 좁다. 신경질적이고 미묘한 형이다.

●**작은 손톱**: 길이와 폭도 작지만 그런대로 잘 정돈되어 보기에 좋은 모양이다. 신경과민증이고 정열가이다. 순환기 계통과 심장에 문제가 있는 형이다.

●**조개 손톱**: 두 종류가 있다. 손톱이 세모꼴인 것과 역 삼각형인 것이다. 어느 것이나 작은 손톱과 비슷하게 작은 편이다. 정삼각형인 사람은 화려한 것을 좋아하고 변덕이 있는 형이다. 역삼각형인 사람은 의지가 약하고 신경질적이다.

●**변형(變形)손톱**: 얇고 전체적으로 굽어 있는 사람은 솔직성이 결여되어 있다. 손톱 끝 모서리가 변형된 사람은 이상가(理想家)가 많다.

손톱의 변화(變化)로 보는 법

■ 둥근 정도가 작고 평탄해진 경우 (그림 ㉮)

즉, 손톱의 밑뿌리의 살에 온통 묻혀 있는 경우는 신경통 류마티스의 상(相)이 있다.

■ 끝이 무르게 된 경우 (그림 ㉯)

끝머리가 엷은 껍질처럼 무르고 부서지기 쉬운 때는 기생충이 있는 경우이다.

■ 표면에 세로(縱)줄이 나타나 있는 경우 (그림 ㉰)

체력적으로 무리를 하고 있거나 또는 정신적으로 피로가 심할 때, 수면 부족인 때, 신경 쇠약인 때를 나타내는데 젊은 사람들의 세로줄이 보다 중시된다.

만약 세로줄 위에 좁쌀 같은 것이나 점 같은 것이 생겼다면 기생충이 체력에 영향을 미치게 하고 있거나 담배나 술, 또는 다른 약물에 의한 중독(몸에 맞지 않는 약이나 영양제의 과용) 등을 나타내는 것이다.

■ 표면이 오므라든(凹) 경우 (그림 ㉱)

심신(心身)의 변조(變調)나 기생충, 때로는 질병의 좋지 않음을 나타내는 것이다.

반달을 보는 법

손톱의 밑뿌리 쪽에 있는 작고 흰 부분을 반달이라고 하는데 보통 작은 손톱(小爪)이라고 한다. 이 반달은 무지(拇指)와 인지(人指)에는 다른 곳보다 더 많이 나와 있다. 다섯 손가락에 보기 좋게 나와 있을 때에는 바탕이 튼튼해서 웬만한 신환(身患)에는 타격을 받지 않는 체질을 지니고 있다. 언제나 무지(拇指)에만 나와

모든 손가락에 예쁘게 나오는것이 이상적이다

5분의 1이 표준

있을 경우에는 제법 단단해 보이는 체질이라도 의외로 약한 면이 있다. 전혀 나와 있지 않은 경우에는 심신(心身)이 모두 피로해 있어서 비록 누워버리지 않았을지라도 몸의 컨디션이 항상 좋지 않으며 조그마한 병에도 누워버리거나 회복이 느린 편이다. 또한 여태까지는 반달이 나와 있었지만 무지(拇指)의 반달이 사라져 버린 경우에는 상당한 피로가 쌓여 있는 증거이다. 순환기계통의 질병에 특히 조심하여야 한다.

반달이 나와 있는 것은 좋은 일이지만 지나치게 너무 나와 있어도 좋지가 않다. 표준은 손톱의 1/5까지가 한도이므로 그 이상으로 너무 많이 나와 있는 경우에는 심장병, 뇌일혈, 결핵 등에 조심해야 한다.

흰 점·검은 점을 보는 법

손톱에 나 있는 반점은 여러 가지 있으나 그 대표적인 것이 백점(白鮎)과 흑점(黑點)이 있다.

■ 백점이 생긴 경우

무지(拇指)의 손톱에 생긴 경우: 애정에 관한 기쁨이 있겠다. 애정이란 부부간이나 이성간의 애정만이 아니라, 보다 넓은 뜻에서의 애정을 나타내는 것이다. 부자·형제·친척·친우 등 모든 경우의 애정에 관한 기쁨을 가리킨다.

인지(人指)의 손톱에 생긴 경우: 공적인 교제에 의한 이익을 얻는다.

중지(中指)의 손톱에 생긴 경우: 여행에 의한 기쁨을 의미한다. 여행하게 되는 기쁨인 경우나 친한 사람, 또는 뜻하지 않은 사람으로부터 선물을 받게 되는 기쁨도 포함된다.

약지(藥指)의 손톱에 생긴 경우: 명예를 얻는 데서 느끼는 기쁨을 표시한다. 남에게 칭찬을 받는 기쁨도 있다.

소지(小指)의 손톱에 생긴 경우: 뜻하지 않은 횡재나 부업 등으로 벌게 되는 등 이익을 보게 될 것이다.

■ 흑점이 생긴 경우

무지(拇指)의 손톱에 생긴 경우: 교우상(交友上)의 실패를 뜻한다.

인지(人指)의 손톱에 생긴 경우: 마음이 헛갈려 갈피를 잡지 못하다가 손재수(損財數)를 보는 것을 뜻한다.

중지(中指)의 손톱에 생긴 경우: 조심성이 부족하여 사고를 일으키거나 다툼에 부딪힌다.

약지(藥指)의 손톱에 생긴 경우: 무정, 여인관계, 정욕에 의한 과실에 조심해야 한다.

소지(小指)의 손톱에 생긴 경우: 자녀, 생식기관에 요주의의 경종을 뜻한다.

장구(掌丘)를 보는 법

　장구(掌丘)란 손바닥에 기복(起伏)을 나타내고 있는 여덟 군데의 언덕 같은 살과 중앙의 화성(火星)평원을 가리키는 것이다.

　그 명칭은 삼라만상(森羅萬象)의 모든 것이 목(木), 화(火), 토(土), 금(金), 수(水)의 다섯으로 집약된다는 오행설(五行說)로부터 우주의 큰 별을 형상(形象)하여 인지의 하구(下丘)를 목성구(木星丘), 중지의 하구(下丘)를 토성구(土星丘), 소지의 하구를 수성구(水星丘)라 부르며 중앙이 화성평원인데 그 좌우, 즉 무지(拇指)쪽의 조금 불룩한 곳을 제1화성구, 소지 쪽의 조금 불룩한 곳을 제2화성구라 한다. 그리고 무지 밑뿌리 쪽의 가장 크게 불룩한 곳을 금성구(金星丘)라 한다.

　이 다섯 성구(星丘)와 약지의 아래를 태양구(太陽丘)라 하고 금성구의 반대쪽을 월구라 한다.

　그런데 각구(各丘)를 볼 때는 각구의 발달 상태를 살피면서 동시에 전체의 균형도 고려하여야 한다. 만약 한 곳만 발달해 있고 다른 장구(掌丘)가 미약하면 그 발달된 장구는 너무 불룩한 경향이 있다고 보아야 한다는 것이다.

　또한 주위의 장구 가운데 목성구, 토성구, 태양구, 수성구 등 네 장구의 불룩한 상태가 각기 손가락 바로 밑이 아니라 어느 쪽으로든 살짝 벗어나서 불룩해 있는 경우가 있거니와 그럴 때에도 불룩한 살집이 있으면 장구가 자리잡고 있는 것으로 본다.

그리고 중앙에 있는 화성평원의 오목한 정도가 사람마다 조금씩 다르다는 것도 주의해서 잊지 않아야 한다.

가느다랗게 길게 뻗치면서 운명선을 따라 오목한 경우, 금성구 쪽의 옆으로 오목한 경우, 혹은 감정선의 주위에서 크게 오목해져 있는 모양 등 여러 가지 경향이 있는 것이다.

장구(掌丘)의 명칭(名稱)과 의미(意味)

토성구(土星丘)

목성구(木星丘)

태양구(太陽丘)

제1화성구(第一火星丘)

수성구(水星丘)

제2화성구
(第二火星丘)

금성구(金星丘)

월구(月丘)

화성평원(火星平原)

목성구 = 지배력, 야심, 명예욕 등을 나타낸다. 발달하고 있는 사람은 성공하는 소질이 있다.

토성구 = 세심함, 판단력, 신비성 등을 나타낸다. 발달하고 있는 사람은 성실하고 지식욕도 왕성하다.

태양구 = 독창력, 예술적 재능, 기품 등을 나타낸다. 발달하고 있는 사람은 개성적인 매력의 소유자로서 사랑을 받는 형이다.

수성구 = 상업, 연구심, 사교성 등을 나타낸다. 발달하고 있는 사람은 남의 심리를 잘 파악하는 데 능해서 상술이 뛰어나다.

제1화성구 = 투쟁력, 적극성, 정신력 등을 나타낸다. 발달하고 있는 사람은 자존심이 강하고 실천력이 있는 형이다.

제2화성구 = 인내력, 정의감, 내면적인 강함을 나타낸다. 발달하고 있는 사람은 의지가 강하고 의지할 만한 형이다.

월구 = 애정, 감수성, 재능의 여하를 나타낸다. 발달하고 있는 사람은 우정이 두텁고 낭만적이다.

금성구 = 육체적인 애정, 정력, 재운 등을 나타낸다. 발달하고 있는 사람은 명랑하고 건강하다.

화성평원 = 성격, 운기(運氣)의 강약을 나타낸다. 움푹 들어간 역삼각형인 사람은 사랑의 괴로움이 많은 사람이다.

목성구(木星丘)를 보는 법

탄력이 없다

목성구는 솔로몬구라고도 일컬어진다.

왜 그럴까? 그것은 그림으로 설명한 것처럼 지배를 나타내는 장구(掌丘)인 까닭이다. 그 지배라는 것을 주안으로 하여 야심이나 명예, 그리고 신용문제 또는 교제면이나 일의 성불성(成不成)을 색상으로 분별하여 음성의 대소도 이 장구로 알 수 있다. 남성의 왼손의 목성구가 유달리 두드러지게 부풀어올라 있을 때는 범상치 않은 야심가로 활기도, 행동력도, 그리고 신용면에서도 강하다고 본다. 그러나 오른손의 목성구만이 유달리 크게 부풀어 있을 때는 가정 내에서 폭군이 될 우려가 있다.

여성인 경우, 오른손의 목성구에 전혀 부풀음이 없을 때는 사교가 서툴고 직장에서는 말하고 싶은 것도 마음대로 표현하지 못하여 손해를 보거나, 공부나 연구면에서의 향상심도 적고 마음으로 사귈 수 있는 친구를 얻기 힘든 형이다.

반대로 여성의 왼손 목성구의 장도(張度)가 지나친 경우는 성격은 밝고 활동력이 강한 형이다. 마음에 양심을 감추고 있다.

만약, 두뇌선이 좋으면 중년 이후부터는 사교가 능란해진 다든가 개성적인 매력이 강해진다.

토성구(土星丘)를 보는 법

토성구는 자기를 나타내는 중지 하부의 장구를 가리킨다. 또 이 장구를 향하여 뻗어 있는 선을 운명선이라고 하므로 자기를 중심으로 한 성격이나 그 행동면도 나타내고 있는 장구이다.

즉, 상식도(常識度)나 지식욕, 경계심과 주의력, 주위 사람이나 사회에 대한 생각, 때

로는 사상성(思想性)이나 신비성 등도 알아볼 수 있는 장구인 것이다.

여성의 오른손 토성구가 과도하게 발달하고 있다면 지식욕이 강한 노력가이며 상식도 풍부하여 주위와의 인화도 소중히 하는 명랑한 성격이다.

만약 다른 장구와 비교하여 유달리 돋보일 만큼 발달하고 있을 때는 자기를 지키는 데 충실하다. 어느 편이냐 하면, 보수적인 사고(思考)로 편향(偏向)되는 성격을 지니고 있다.

남성의 왼손 토성구가 발달해 있지 않을 때는 경계심이 강하고 자기를 지키는 데 지나치게 집중하여 주위와의 협조성을 잃기 쉬운 경향이 있다. 그러므로 고독성이 강하고 자기의 울타리 안에 갇혀 있기를 좋아하게 된다.

또한 저승점, 즉 연한 다갈색이고 윤기가 없는 조그마한 점이 있다면 비상식적인 사고(思考)를 가졌거나 음산(陰散)한 성격이나 편벽(偏僻)된 면이 강해서 운세(運勢)에의 손실을 자초하기 쉽다.

그리고 오른손 토성구가 극도로 발달해 있다면 나이를 더할수록 가정 내에서의 완고성이 강해지기 쉽다.

태양구(太陽丘)를 보는 법

지나치게 발달하였고 흠이 있다

이 장구(掌丘)는 아폴로의 신, 미의 신, 사랑의 신의 장구라 일컫는다. 따라서 예술·예능면의 독창력, 행복도의 기품, 재정이나 경제면에의 감도와 능력, 일의 성불성(成不成)에 관한 강약 등을 나타내는 장구이다. 목성구, 토성구, 수성구와 비슷하게 부풀어오르고 있는 상태를 적당한 장도(張度)로 본다.

만약 여성의 오른손 태양구가 적당하게 발달하고 있을 때
는 애정면이나 미적 감각이 풍부하고 사교면도 좋은 편이다.
비교적 개방주의로 사소한 일에 우물쭈물하지 않으므로 주위
의 사람에게 사랑을 받는 형이다.

만약 여성의 왼손, 남성의 오른손의 경우 태양구가 유달리
돋보일 만큼 지나치게 발달하고 있다면 어떨까?

무슨 일이나 지나치면 미치지 못함만 같지 못하다고 했듯
이 명예욕이라기보다는 겉보기를 뽐내려는 기분이 강해서 필
요 이상의 사치를 하고자 하거나 자주 싫증을 내거나 하는
한편, 의심이 많고 성미가 급함 등 좋지 않은 면이 나타나기
쉽다. 만약 저승점이나 흠이 있는 경우에는 각별히 주의하지
않으면 독선성(獨善性)을 억제하지 못할 것이다. 특히, 바로
지금 연애중인 사람은 조심해야 하겠다.

남성의 좌(左), 여성의 우(右)의 태양구에 전혀 발달이 없
을 때는 정신적 불만이 많고 미에 관한 감도가 둔한 까닭에
예술면에의 이해심이 엷고 사교도 능하지 못하다.

수성구(水星丘)를 보는 법

소지(小指)의 아래 장구(掌丘)를 가리킨다. 이 장구는 상업
의 신의 장구라 일컫는다.

그러므로 나타내는 의미도 상업에 관한 재능이나 연구심의
강약, 사교성의 유무 등과 정력도도 나타낸다. 또 변론성의

유달리 발달해 있다

결혼선

유무 즉, 언변이 능란하냐, 서투냐 하는 그런 면의 재능과 재운(財運)의 강약도 나타낸다. 여성의 오른손 수성구가 다른 장구와 비교하여 유달리 두드러진 만큼 발달하고 있을 때는 사교성도 있고 명랑한 성격이다. 호르몬도 충분하다. 만약 결혼선이 감정선에 가깝고 강하게 나와 있으면 조혼의 형이라 하겠다.

　반대로 여성의 왼손 수성구가 유달리 발달하고 있을 때는 조숙한 편이겠다. 일찍부터 이성(異性)에 관심이 강하거나 인기가 있는 여자일 것이다.

　남성의 왼손 수성구가 두드러지게 발달하고 있는 때는 변설(辯舌)이 시원한 형이거나 아주 상술이 능란하다. 때로는 연구심이 왕성하다. 만약 두뇌선이 좋으면 수학이나 의학 방면, 심리연구 면에서의 재능을 발휘할 수 있을 것이다.

　만약 남녀간 좌우의 수성구가 발달하지 않았을 때는 호르몬 부족이라는 의미에서라도 성(性)에의 눈뜸이 늦거나 그러한 면에 대한 관심이 희박하고 냉담하게 되는 경향이 많을 것이다. 여성은 특히 결벽증(潔癖症)이 있기 쉽고 남녀 교제에 손해가 된다.

제1화성구(第一火星丘)를 보는 법

이 장구(掌丘)는 무지(拇指)의 밑동과 생명선의 출발점과의 사이에 있는 비교적 좁은 부분의 장구를 가리킨다.

이것은 손바닥의 중앙에 위치하는 화성평원의 움푹 들어간 곳에 대하여 양(陽)의 장구로 볼 수가 있다. 즉, 모든 것에 대한 행동력의 강약, 적극성의 유무 내지 투쟁적 정신력이나 자존심의 강약도 나타내고 있다.

유달리 발달해 있다

굵은 횡선(橫線)

만약 남성의 왼손 제1화성구가 유달리 발달하고 있을 때는 행동력은 강하지만 무슨 일에서 밀어붙이는 일변도(一邊倒)의 성격으로 남에게 한치라도 양보하는 부드러움이 없다. 사업면에서도 완고함이 지나쳐 뜻하지 않는 실패나 분쟁의 씨앗이 되기 쉬운 손실점이 있다.

남성의 오른손 제1화성구가 유달리 지나치게 발달하고 있다면 아마도 가정 내에서는 필시 폭군일 것이다. 사소한 일로도 성미를 부리거나 폭력을 휘두르거나 행동의 거친 면이 많아서 가족을 안절부절못하게 한다.

그 위에 이 장구에 강한 횡선(橫線)이 있다면 걸핏하면 남과 싸우는 등 횡포가 심하다.

남녀간에 좌우의 제1화성구에 전혀 발달이 없는 경우는 적극성이 결여된 까닭에 일의 기회를 놓쳐 손해를 보거나 뻔히 생각은 하고 있으면서도 좀처럼 실행에 옮기지 못하는 성격 때문에 손실이 많은 형이다. 여자인 경우에는 눈물이 많은 울보이거나 겁이 많을 것이며, 좋은 사람이 있어도 멀리서 짝사랑하는 형일 것이다.

제2화성구(第二火星丘)를 보는 법

지나치게 발달해 있다

발달하지 않았다

반항선

이 장구(掌丘)는 감정선의 출발점 하부와 월구(月丘)의 상부 사이에 위치하는 부분이다. 화성평원을 끼고 제1화성구의 반대측에 자리잡고 있으며 화성평원에 대한 음구(陰丘)라고 일컬어진다. 즉, 모든 것에 대한 인내력과 저항력의 강약을 나타내는 장구이다. 또 표면에 나타나지 않는 성격의 강도나 정의감의 유무도 볼 수 있다.

남녀간의 좌우의 제2화성구와 제1화성구와 같은 정도로 발달하고 있을 때는 제1화성구의 적극성과 행동력에 무리가 없도록 조절을 한다. 즉, 인내력을 발휘하여 무모한 행동을 하지 않게 안전한 역할을 할 수 있는 것이다. 그러므로 화성평원을 끼고 음(陰)과 양(陽)과의 균형이 유지되고 있는 까닭에 행동면에서의 상식을 지닐 수 있게 된다.

만약 남성의 왼손 제2화성구, 여성의 오른손 제2화성구가 두드러지게 발달하고 있어서 제1화성구의 장도(張度)가 없을 때에는 밖에서는 타인에 대해서 무척 인내심이 강하고 온순하며 지나친 행동도 하지 않는, 이른바 대인관계나 세평이 좋은 사람이라 하겠다.

그리고 또 남성의 오른손 제2화성구, 여성의 왼손 제2화성구에 전혀 발달이 없고 상향(上向)의 반항선이 있고 제1화성구의 장도(張度)가 있을 때는 가정 내에서는 독선적이고 인내를 하지 않을 뿐만 아니라 쉽게 반항한다. 대내(對內) 가정에서의 평이 좋지 않은 편이다.

금성구(金星丘)를 보는 법

이 장구(掌丘)는 무지(拇指)의 밑동 하부(下部) 손바닥에서 가장 크게 부풀어 있는 부분을 가리킨다.

생명선을 경계로 하여 월구(月丘)와 접하고 있으나 그 대소(大小)와 부풀어 오른 정도에 따라 개인차가 많고 월구와 비교하면서 살펴보는 것이 중요하다.

이 장구가 나타내는 의미는 정력도, 육체적 애정의 후박(厚薄), 건강 상태, 재운(財運), 가정운, 음덕운(陰德運) 등이

커다랗고 두텁다

다. 남성의 좌우 금성구가 크고 두껍게 단단한데 월구가 발달해 있지 않을 때는 성격이 명랑하고 행동력도 있고 건강도 좋은 상태다. 따라서 금전운도 있게 될 것이다. 그러나 사나이답고 믿음직한 형이지만 너무 현실적이어서 꿈이 적은 것이 흠이 될 수 있다.

이를테면 한 여인을 좋아하게 되었다고 하자. 보통이면 서로 눈을 바라본다든가 데이트를 하면서 사랑을 속삭일 것인데도 그런 일은 대수롭게 생각지 않는다. 먼저 뼈마디가 녹아날 만큼 사랑하고 싶어져서 여관으로 직행하고 마는 그러한 형이라 하겠다.

여성의 좌우 금성구가 두드러지게 발달하고 있을 때는 명랑하고 소탈해서 여두목 감이지만 동작이 지나치게 남성적이거나 사물에 태연하다. 사랑을 하기보다는 가정이나 승용차 소유주와 결혼하고 싶다고 생각하는 형이다. 월구와 비슷한 만큼 발달되어 있다면 동정심도 강하고 가정적이다.

월구(月丘)를 보는 법

장구(掌丘)는 새끼손가락 (小指) 쪽의 밑 부분에 위치하여 금성구와 서로 마주보고 있는 넓은 부분을 가리킨다. 달(月)의 여신, 꿈의 여신의 장구라고도 일컬어지고 있으나 금성구와 비교해 가면서 보아야 한다.

금성구가 육체적 애정을 나타내는 것과는 반대로 월구는 정신면의 애정을 나타낸다. 또 창조성의 유무와 문학·예술·예능면의 재능이나 인기도(人氣度)도 나타낸다.

남녀간에 좌우의 월구가 적당히 발달하였고, 금성구와의 균형이 좋을 때는 마음도 상냥하고 주위의 사람에게도 친절하다.

창조력도 풍부하고 아름다운 꿈을 생각하기도 한다. 또 예술·예능면에서의 이해력도 뛰어나 있음을 나타낸다.

만약 여성의 좌우의 월구가 지나치게 발달해서 금성구의 장도(張度)가 비교적 적을 때는 낭만적이다. 상냥해서 좋으나 꿈을 추구함이 지나쳐서 현실을 직시하지 못하는 만큼 손실이 생기기 쉽다.

결혼관을 말하면 언젠가는 별나라 왕자님이 나를 사랑해 줄 것이라든가…… 등등 실현될 수 없는 상상을 하는 형이다. 또한 푸른 달빛 아래 사랑을 속삭이는 달콤한 데이트를 꿈꾸면서도 손을 대면 싫다고 거부하는 것을 잊지 않는다.

남녀간에 좌우의 월구가 발달해 있지 않을 때는 이기주의로 흐르거나 창조력, 상상력의 부족으로 마음의 풍요로움을 잃고, 고립하기 쉬운 입장이 되는 수가 많은 것이다.

화성평원(火星平原)을 보는 법

그림 a

화성평원이란 손바닥 중앙부에서 다소 움푹 들어가 있는 부분을 가리키며, 방정(方庭)과 삼각정(三角庭)을 포함하고 있는 부분이다.

(그림 a)

이 부분은 전체적 운세의 경향을 본다. 그리고 방정(方庭)과 삼각정으로 개개(個個)의 성격 등을 보지만 그 가운데서 비교적 알기 쉬운 화성평원의 움푹 들어간 상태를 보는 방법을 몇 가지 소개하겠다.

■ 역삼각형(逆三角形)의 화성평원 (그림 b)

이 형은 손바닥의 움푹 들어간 상태가 감정선에 연하여 넓어져 있다. 성격적으로는 감정이 섬세하고 감각적으로도 예민성을 지니고 있다. 그러나 운세적(運勢的)인 흐름으로 볼 때, 감정면이 중심이 되어 가는 경향이 있다.

청춘시대라면 사랑의 괴로움이 비교적 많이 생기기 쉽다. 또 사교면에서의 감정 문제에도 항상 근심걱정이 많은 것을 나타낸다.

움푹한 형

그림 b

■ 세로로 길게 움푹 들어간 화성평원 (그림 c)

이 형은 운명선에 잇닿은 형, 즉 토성구, 태양구를 향하여 가늘고 길게 움푹 들어간 곳이 있는 경우이다.

성격적으로는 얼마쯤 걱정을 하는 경향이 있다거나 소극적이며 신중형인데 이따금 침착성이 없이 서두르는 편이 있기도 하다.

세로로 길게 움푹한 형

그림 c

운세적(運勢的)인 흐름으로 말하면 사배 공반(事倍功半)으로 결실이 없는 수가 많거나 애써 노력하면서도 끝내 남에게 이용당하여 손해를 보고 마는 경향이 있다.

■ 가로로 길게 움푹 들어간 화성평원 (그림 d)

세로로 긴듯한 감으로 움푹한 형

그림 d

이 형은 주로 금성구 쪽으로 치우쳐서 가로로 길게 뻗어 있는 모양인 경우가 많은 것이다.

성격적으로는 조심성이 있으나 그것이 너무 지나치면 정적(情的)인 면에까지 영향을 주어서 박정한 인간성이 나타날 때가 있다.

운세적(運勢的)인 흐름으로 말하면 가정적인 문제로 고생하기 쉽거나 항상 말썽에 휘말려 손해를 보는 경우가 많겠다.

숙명(宿命)·운명(運命)이 의미(意味)하는 것

숙명이란 것은 사람이 누구나 날 때부터 타고난 운명이다. 이것은 불변이다.

즉 하늘에서 주어진 인지(人知)가 미치지 못하는 것을 말한다. 태어나는 것과 죽는 것이다.

사람은 누구를 막론하고 자기가 어느 시대에 남자로 혹은 여자로, 혹은 부잣집에, 혹은 가난한 집에, 자기의 의지로 태어난 것이 아니다. 영생(永生)을 소원할지라도 자연의 섭리를 거역할 수는 없고, 죽음을 소망할지라도 주어진 수명을 다할 수밖에 없다. 이것이 숙명인 것이다.

운명이란 것은 인간이 태어나서 죽을 때까지의 개개인에게 닥치는 화복(禍福)과, 길흉의 이력서이며 역사라고 하겠다. 그렇기에 명(命)을 싣는다고 쓰는 것이다.

주어진 궤적(軌跡), 즉 지나온 자취란 무엇인가? 그것은 어떤 것은 상승세(上昇勢)로 어떤 것은 하강세(下降勢)로 고쳐 써 나가는 것, 그 자신의 노력과 생활의 슬기에 의하여 후천적인 방법으로 활용한 결과인 것이다.

손금(紋線)을 보는 법

그러면 이제부터 손금(紋線)을 보기로 하자.

이 손금만큼 형형색색인 것은 없다. 십인십색(十人十色), 천인천색(天人天色)이라고 해도 좋다. 따라서 그 전부의 손금(紋線)을 점친다는 것은 무척 힘에 벅찬 일이지만, 우선 기본적인 선을 익혀서 그것을 활용 응용함에 따라 점칠 수가 있다.

손은 살아 있다. 선(線)도 살아 있다. 수상 가운데서 변화하는 것이 이 손금(紋線)과 손바닥의 색, 그리고 손톱의 색과 그 상태이다. 변화에 의하여 판단하는 것은 기본을 알고 활용하는 것이 중요하다. 손금(紋線) 가운데서도 생명선, 두뇌선, 감정선의 세 가지를 3대 선이라 한다. 손금을 볼 때에는 먼저, 이 3대 선에 주의를 하여야 한다.

다음으로는 남성인 경우는 운명선에, 그리고 여성인 경우는 태양선에 중점을 두면서 다른 선을 합쳐서 보아 나간다. 앞서 말한 3대 선에 운명선과 태양선을 덧붙인 5대 선을 중심으로 하여 보는 것이 기본적인 수상(手相)의 요령이다.

그러나 실제 문제로써 보는 경우, 이를테면 애정문제라면 감정선과 금성대(金星帶)를 주로 하여 다른 선(線)이나 장구(掌丘)를 합쳐서 판단한다. 바로 지금 연애 중으로 행복한 보랏빛 속에서 지내고 있다고 가정한다면 감정선에 윤기가 있거나 아름다운 연분홍색이 나와 있을 것이다. 또 기초적인 금전운(金錢運)이라면 태양선과 태양구, 금성구나 수형(手型)을 주로 해서 본 다음에 재운선(財運線)을 본다. 단순한 용돈운이나 소부운(小富運)만 보는 것이라면 재운선만 보기만 해도 되는 것처럼 점치는 내용에 따라서 중점이 달라지게 됨을 알아두자.

손금(紋線)의 명칭(名稱)과 의미(意味)

태양선(太陽線)

금성대

운명선

재운선(財運線)

감정선(感情線)

야심선(野心線)

자손선
(子孫線)

결혼선(結婚線)

반항선(反抗線)

생명선(生命線)

건강선(健康線)

두뇌선(頭腦線)

직감선(直感線)

음덕선(陰德線)

여행선(旅行線)

손목선

손금(紋線)의 명칭(名稱)과 의미(意味)

생명선 수명, 건강상태, 생활력, 가정운
　　　　등을 나타낸다.

두뇌선 재능이나 지력(知力), 생활능력,
　　　　직감력, 유전 등을 나타낸다.

감정선 감정면, 애정, 희로애락, 성격의
　　　　명암 등을 나타낸다.

운명선 운명의 전개, 운세의 강약, 사회
　　　　생활상의 표면을 나타낸다.

태양선 행복도, 번영도, 성공성, 인내력을
　　　　나타낸다. 길수록 좋다.

결혼선 남녀관계, 애정문제 등을 나타낸다.

금성대 강하게 나 있을수록 감수성이 풍부
　　　　하다.

건강선 건강과 질병의 관계를 나타낸다.
　　　　없으면 없을수록 좋다.

재운선 뚜렷하게 혼란스럽지 않게 나와
　　　　있으면 금전운이 있다.

야심선 선이 많을수록 야심가이다.

반항선 직선이 두세 가닥 있는 것이 좋다.

여행선 각문(角紋)이 나 있으면 위험에 부딪
　　　　힌다.

손목선 혼란이 없으면 건강하고 장수할
　　　　것이다.

직감선 예민한 감각의 소유자이다.

자손선 많이 나 있을수록 정력이 좋다.

음덕선 많이 나 있을수록 미덕이 있다.

생명선(生命線) ① 기점(起點)을 보는 법

■ 무지(拇指=엄지손가락)와 인지(人指=집게손가락)의 중간에 기점(起點)이 있다. (그림 ㉮)

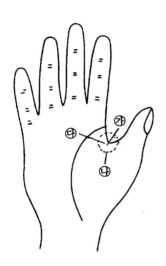

기점(起點)이 무지와 인지의 거의 중간 점에 있으면, 성격은 명랑하고 활동성도 풍부하여서 꽤 좋은 상(相)이라 하겠다.

이에 덧붙여 선(線)에 잘린 곳이나 난조(亂調) 없이 깊숙하게 새겨져 있어서 선의 주변의 색이 깨끗하다면 건강운도 타고나서 항상 쾌활하게 생활할 수 있는 것이다. 생활태도도 좋고 장수(長壽)할 것이다.

■ 인지(人指)쪽으로 기점(起點)이 있다. (그림 ㉯)

이 경우는 제1화성구의 범위가 넓어진다. 그렇게 되면 적극성 인내력의 향상이 있을 것이며, 항상 노력을 거듭해서 성공을 거둘 수가 있을 것이다.

또 생명선이 커다랗게 곡선을 그은 것처럼 될 것이므로 장생(長生)하는 상(相)이다.

■ 무지(拇指)쪽으로 기점(起點)이 있다. (그림 ㉓)

제2화성구가 좁아지고 생명선의 곡선도 당연히 작아진다. 즉 그림의 ㉯의 정반대의 의미가 되므로 소극적이며, 자제력이 없는 상(相)이라 하겠다. 솔직성도 없고 겁쟁이이며 또 건강면에도 불안이 많은 상(相)이다.

생명선(生命線) ② 말미(末尾)를 보는 법

■ 말미(末尾)가 두 갈래로 되어 있다. (그림 a)

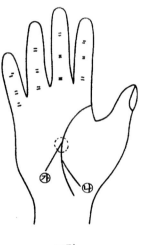

두 갈래가 형성하는 간격이 넓을수록 주거의 이전이나 직업의 변화가 많아질 것이며, 성격적으로는 무엇이든지 싫증을 자주 일으키는 상(相)이다. 또 두 갈래로 되어 있는 곳이 나타내는 나이쯤에 건강을 해치게 될 것이 예상된다. 동시에 과로로 고달파질 것이다. 만약 두 갈래진 곳에 흠 따위가 있을 때는 가정이나 주거에

그림 a

관해서 불안정한 상태에 놓이게 되기 쉬운 상(相)이므로 조심할 일이다.

▣ 지선(枝線)이 사행(蛇行)하고 있다. (그림 b)

그림 b

두 갈래진 선의 하나로써 본선에서 갈라진 쪽의 선의 선단이 사행(蛇行)하거나 다시 가느다란 지선(枝線)을 이루고 있는 경우는 건강면에 흉운(凶運)을 가져다 줄 것이다. 소화기 계통이 약하거나 피로가 가중되어 빨리 노쇠할 것이다. 더욱이 가정 면에서는 가족의 불화 등으로 고독하게 되기 일쑤이다.

한편, 지금까지 지선 사행(枝線蛇行)이 없는 사람일지라도 자기를 과신(過信)하고 병후(病後) 양생(養生)을 게을리하면 이 형상(形相)이 생기게 되는 것이므로 조심할 필요가 있다.

▣ 말미(末尾)에 여러 개의 지선(枝線)이 중첩 교착한다. (그림 c)

그림 c

체력적으로 무리해서는 안 될 상(相)이다. 더욱이 섬세한 신경의 소유자인 까닭에 평소 피로감으로 고달프다.

게다가 지선(枝線) 부근이 쥐색으로 되어 있다면 신경쇠약에서 오는 불면증(不眠症)마저 있기 쉽다.

◼ 말미(末尾)가 ×문(紋), 성문(星紋), 소횡문(小橫紋)으로 끝나 있다. (그림 d)

이러한 문선은 어느 것이나 흉선(凶線)이다. 불의의 재난을 암시하고 있는 것이므로 부상이나 급환(急患)에 조심하지 않으면 안된다.

그림 d

생명선(生命線) ③ 흠 등이 있는 경우

◼ 여러 가닥의 가느다란 선이 가로지르고 있다. (그림 ㉠)

생명선을 가로지르고 있는 선은 제법 많은 사람에게 보인다. 그 길이나 굴곡의 형상(形相)이 각양각색이겠지만 일반적으로 병약하거나 타인의 간섭으로 정신적 타격을 받기 쉽다고 하겠다.

특히, 직업면에서 방해를 받기 쉽다. 더욱이 생명선에 짧고 굵은 선이 하나 뚜렷하게 나와 있는 사람은 급환(急患)이나 부상이 돌발적으로 일어나기 쉽다고 본다.

◘ 중간 안쪽에 흠이나 점이 있다. (그림 ㉯)

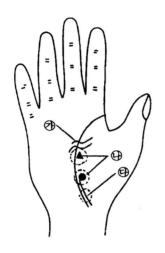

말썽이나 다툼이 많은 상(相) 이다. 급환이나 부상, 가정불화, 사회생활에서의 분쟁, 재해 등 에 부딪히기 쉬우므로 조심해 야 한다. 점은 후천적으로 생기 기 쉬우나 결코 좋게는 볼 수 없다.

◘ 안쪽에 평행하고 있는 선이 있다. (그림 ㉰)

이 선은 별칭 2중생명선 또는 화성선(火星線)이라고도 한다. 이 선은 생명선을 보조하는 역할을 하지만 이 선 자체가 있다고 해서 연중 건강하다는 것은 아니다. 질병에 걸리더라도 저항력이 있다는 뜻을 나타 내는 것이다.

생명선(生命線) ④ 선상(線上)에 섬이 있는 경우

◘ 윗부분에 섬이 있다. (그림 ㉮)

기약(氣弱)한 바가 있는 일면 사물에 대하여 빈틈없이 꼼 꼼하게 대처하는 성격이다. 그런 까닭에 사람들이 싫어하는 귀찮은 일도 열심히 달라붙어 애를 쓴다. 다만, 젊을 때는 건 강하지 못한 면이 있을 것이다.

■ 중간쯤에 섬이 있다. (그림 ㉯)

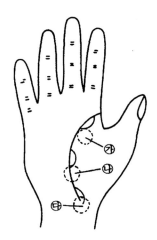

소화기계의 장기(臟器)에 만성의 질환을 갖기 쉽다. 그리고 생명선의 중간쯤보다 윗부분에 걸쳐서 쥐색으로 되어 있을 때는 그 대부분이 어떤 질환의 초기상태에 있다고 봐도 틀림없을 것이다. 서둘러 절제(節制)를 하면 쾌유될 수 있을 것이다.

■ 말미(末尾)에 섬이 있다. (그림 ㉡)

연중 질병으로 고생하거나 구체적으로는 어디가 나쁜지 모르지만 건강상태가 항상 좋지 않다는 것을 의미한다. 특히, 나이가 많아질수록 이러한 경향은 심해지기 쉽다.

또 건강상태도 한 원인이 있겠지만 신경질적으로 되기 쉬운 면도 있다.

생명선(生命線) ⑤ 도중에서 선이 끊어져 있는 경우

◼ 도중에서 선이 끊어져 있다. (그림 a)

이 선이 끊어져 있는 것은 중환(重患)을 앓는 것을 나타낸다. 더구나 양손의 생명선이 같은 위치에 동일하게 1㎝ 이상의 길이에 걸쳐 끊어져 있는 경우를 말하는 것이다. 다른 문선(紋線)에도 결함이 있다면(이를테면 두뇌선이 극단적으로 짧다) 생명에 연관될 만큼의 중환이 예상된다.

이와 같이 중환이 걸리는 시기는 끊겨져 있는 곳이 나타내는 나이에 해당하는 때이다. 하지만 생명선은 지선에 따라 감정하는 법이 변화되어 지선이 끊어진 곳을 이어 주듯이 생겨 있다면 비관할 것도 없다. (그림 b) 이런 경우의 지선은 가늘어도 무방하다.

1
센티
이상

그림 a   그림 b

또한 평소 절제하고 있다면 예컨대 생명선이 끊어져 있어도 언젠가 모르는 사이에 지선(枝線)이 생겨날 수도 있을 것이다.

■ 잘린 곳에 각문(角紋)이 있는 경우 (그림 c)

그림 c

잘린 곳의 길이가 1㎝ 이상이 될지라도 그 사이가 각문, 또는 정자형(井子形)의 손금에 의하여 에워싸여 있다면 잘린 의미를 다소 바꾸어 준다. 이 문선은 자매선(姉妹線)과 비슷한 작용을 하는 것이다. 즉, 질병이나 그 밖의 사고 등으로 인하여, 설사 사선(死線)을 헤매게 될지라도 최종적으로는 생명을 단단히 붙들어 주는 의미를 나타내게 된다.

■ 잘린 곳에 자매선(姉妹線)이 있다. (그림 d)

생명선의 잘려 있는 부분에 마치 그곳을 이어주기라도 할 듯이 평행으로 달리는 선이 있다면 생명선이 잘려 있는 의미를 다소 해제해 주게 된다.

이 보충해 주듯이 나와 있는 선을 자매선이라고 일컬어지

자
매
선
(姉
妹
線
)

그림 d

거니와 생명선의 바로 옆을 평행으로·달리고 있다면 비록 그것이 가늘지라도 유효한 것이다. 자매선은 만약 질병에 걸렸다고 할지라도 결코 생명에 위험을 미치게 하지 않는 선이다.

▣ 운명선이 있는 곳에 잘려 있다. (그림 e)

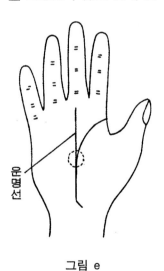

운
명
선

그림 e

생명선이 현저하게 짧고 그것의 말단이 운명선과 합류하고 있는 경우를 말하는 것이다. 이 경우는 합류하고 있는 시점이 나타내는 나이에 그 사람에게 어떤 변화가 찾아온다는 것을 의미하고 있다.

생명선(生命線) *⑥* 기타의 이상을 보는 법

▣ 선 그 자체가 작은 선이 중첩되었거나 작은 쇠고리 모양이다. (그림 a, b)

의지가 약하고 싫증을 내기 쉬운 성격이다. 게다가 체력, 행동력도 부족하기 쉽고, 건강상으로도 소화기계에 약점이 있다. 주의 깊게 나날을 보내도록 해야 할 것이다.

그림 a   그림 b

▣ 생명선에서 짧은 선이 상승(上昇)하고 있다. (그림 c)

이 짧은 선은 별칭 노력선이라 일컬어지며, 직업, 연구 등 여러 가지 일에 대하여 항상 노력을 게을리하지 않고 투지 있게 일을 처리해 나가는 것을 나타내는 선이다.

지선(枝線)

그림 c

노력선의 수는 사람에 따라서 다르며, 5~6개나 있는 사람도 있으나, 설사 하나뿐이고 그것이 짧을지라도 역시 노력형임에는 변함이 없다. 노력은 길운(吉運)으로 연결될 것이다.

■ 생명선이 월구까지 길게 뻗쳐 있다. (그림 d)

월구(月丘)

그림 d

건강으로는 아무런 불안도 없을 것이며, 틀림없이 장수(長壽)할 형이라 하겠다.

이는 생명선이 월구까지 뻗쳐 있다는 것이 그만큼 금성구의 범위를 넓히고 있는 까닭이라 하겠다.

건강상 이외에도 좋은 점이 또 있다. 직업에 대하여 열심이고 상당할 정도로 남에게 지기 싫어하며 공명심도 강하고 금전운도 있다. 다만 때로는 자만심이 고개를 쳐들고 그것이 행실로 나타나기 때문에 주위의 사람들로부터 반감을 사게 되는 결과가 된다.

또 애정면으로 보면 행동적인 육체파가 되기 쉽다고 할 수 있을 것이다.

또한 이밖에 생명선에 관하여 말할 수 있는 것은 지선(枝線)이 상승선(上昇線)으로 되어 있는 경우는 길운(吉運), 하강선인 경우는 손운(損運)으로 된다고 본다.

그리고 이 지선의 수가 많은 경우는 건강상으로 말하면 자주 변비가 되기 쉬운 의미를 나타낸다.

두뇌선(頭腦線) ① 기점(起點)을 보는 법

◼ 기점(起點)이 생명선과 같다. (그림 a의 ㉮)

그림 a

외견상 눈에 띄게 화려한 면은 없고 소극성이 돋보이지만 결코 행동력이 없음을 뜻하는 것이 아니다. 사물에 대한 육감도 좋고 어려움에 부딪혔을 때도 당황하지 않고 착실하게 처리해 나가는 재능을 지니고 있다. 즉 좋은 뜻에서의 신중형이라 하겠다. 이와 같은 사람은 일단 행동을 개시했다면 정말 재빠른 데가 있다.

◼ 기점(起點)이 생명선의 도중에 있다. (그림 a의 ㉯)

기점(起點)이 생명선의 말단 쪽으로 가까울수록 어릴 적부터 의뢰심이 강한 성격임을 나타내고 있다. 아마도 오랫동안 독립하지 못하고 부형에게 의지하거나 겁쟁이일 것이다.

또 일반적으로는 상식적인 성격의 소유자라고 해도 좋을 것이다.

조심성이 있어서 틀림없다고 생각할 만큼 계획을 세우지

않고서는 행동에 옮기지 않는다. 그러므로 언뜻 생각나는 대로 또는 격정(激情)에 휘말려서 범하는 과실은 별로 없다.

다만 그만큼 상식선에서 벗어나지 않으려고 하기 때문에, 대체적으로 소극적이며 기(氣)가 약하다고 할 수 있고 또 따지기를 좋아하는 면도 있을 수 있다.

■ 기점이 생명선의 안쪽에 있다. (그림 b)

그림 b

사소한 세부(細部)에까지 조심성이 미치는 형이다. 그러나 그것은 동시에 신경질적인 증거이기도 하다. 즉, 조그마한 일에도 우물쭈물하거나 헛수고를 하기 쉽다.

또 기점(起點)이 생명선의 안쪽으로 깊이 들어가 있을수록 남에게 미움을 받는다. 그것은 잔소리가 많고 결단력이 없는 주제에 남의 일에 간섭하기를 좋아하는 까닭이다. 이러한 수상(手相)으로써 손이 부드럽고 몰랑몰랑한 느낌을 주는 것이라면 성미가 급한 것을 나타내는 것이다.

◼ 기점이 생명선과 떨어져 있다. (그림 c)

그림 c

감(感)이 예민하고 머리가 좋고 적극성도 있다. 결단력도 풍부하므로 남의 위에 서는 인물이라고 본다.

여성이라면 남자를 능가하는 강한 성격의 여자이다. 다만 자기 주장이 지나치게 강한 까닭에 목성구(木星丘)가 풍부하고 인지(人指)가 표준보다 길든가 굵으면 독선적으로 흐르기 쉽다.

만약 기점이 지나치게 생명선과 떨어져 있다면 고집이 세서 다툼을 자주 일으키게 될지도 모른다.

두뇌선(頭腦線) ② 장단(長短)을 보는 법

◼ 긴 두뇌선(頭腦線)

두뇌선의 길이의 표준은 태양구(太陽丘)의 중심에서 아래로 직선을 그어봐서 그 선이 부딪칠 정도의 길이이다.

표준보다 두뇌선이 길다면 두뇌의 발달 지적(知的)활동이 남보다 뛰어나다고 볼 수 있다.

다만 월구(月丘)의 하부(下部) 가까이까지 두뇌선이 뻗쳐 있다면 이것은 너무 긴 것이므로 상식에서 벗어나게 되는 언행으로 손해를 보는 면이 있을는지 모른다. 한편 긴 두뇌선은 미각(味覺)이 발달하고 있는 것을 나타낸다.

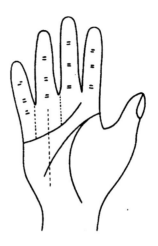

■ 짧은 두뇌선

일반적으로 말해서 다소 태평한 성격으로 좀 얼빠진 것 같은 사람이다. 또 오관(五官=상학(相學)으로는 눈(目), 귀(耳), 코(鼻), 입(口), 눈썹(眉), 침구학(鍼灸學)으로는 目, 耳, 鼻, 口, 혀(舌))에 결함이 생기기 쉽다고 일컬어진다. 특히 색맹, 근시 등 눈의 결함이 많이 나타난다.

또한 두뇌선이 극단적으로 짧으면 긴 경우에 반대로 되어 지능 정도가 낮다고 보겠으나 그렇게 단정할 수는 없다. 두뇌선의 굵기나 다른 결함 등을 아울러 상세하게 살핀 다음 판단하지 않으면 안 된다. 너무 단순하게 무엇이라고 단정해서는 안 된다.

두뇌선(頭腦線) ③ 말미(末尾)를 보는 법

◘ 말미(末尾)가 상승(上昇)하고 있다. (그림 a의 ㉮)

그림 a

현실적인 성격의 소유자이다. 말미가 제2화성구를 향하여 상승 상곡(上曲)하고 있으면 금전에 대한 감각이 예민하고 금전 운용에 재능이 있다고 본다. 또 수성구(水星丘)를 향하여 상승 상곡하고 있다면 상재(商才)가 있다고 본다.

이와 같은 재능이 있는 반면, 지적활동이나 예술, 예능 등의 분야에는 맞지 않는다고 본다.

이 수상의 소유자는 매사를 물질 제일주의로 보는 까닭에 사람들로부터는 인색하다는 평을 받게 될 것이다.

여성인 경우는 아무래도 행동에 우아함이 없음과 동시에 생각나는 대로 함부로 발언하여 상대방의 기분을 충분히 고려하지 않는 경향이 있으므로 조심해야 한다.

◘ 말미(末尾)가 손바닥의 중앙을 향해서 뻗쳐 있다. (그림 a의 ㉯)

말미(末尾)가 상승하고 있는 것과 같이 현실적인 성격의 소유자라고 하겠다. 또한 꽤 실천력이 있어서 빈틈없이 꼼꼼하게 일을 처리하기를 좋아하는 형이다.

그리고 말미가 월구(月丘)를 향하여 뻗쳐 있다면 예술이나 예능면의 이해력이 뛰어나다고 보며 정서면이 메말라 있어서 남의 기분을 이해할 줄 모르는 결함이 있다.

■ 말미(末尾)가 하강(下降)하고 있다. (그림 a의 �)

말미(末尾)가 하강(下降)하면서 월구(月丘)에 도달하고 있는 경우는 정신적인 방면을 중시하는 형이며 이상주의 아니면 몽상(夢想)주의를 신봉한다. 정신적 문제에 대한 이해도도 높고 문필가 등에 많이 보이는 선의 뻗어나감이라고 하겠다. 단 이 경우 하강 경사(下降傾斜)가 클수록 현실적 문제를 잘 처리해 나가지 못하는 것으로 본다. 이를테면 여성이라면 꿈속의 사랑만 쫓을 것이다.

■ 기점이 생명선과 같고 그것과 평형으로 하강된다. (그림 b의 ㉮)

생명선과 같은 기점이므로 신중파이며 소극적인 성격이라 하겠다. 또 두뇌선 자체는 길어지므로 지성파이기도 하다.

그리고 또 한 가지 말미가 지나치게 하강해 있기 때문에 몽상에 잠기고 꿈을 동경하는 경향이 있을 것이다.

그림 b

단 너무 긴 두뇌선은 불필요한 마음씀을 의미하고 신경질인 면을 나타내는 것이다.

■ 기점이 생명선의 중간쯤이고 생명선과 평행으로 하강한다. (그림 b의 ㉯)

이런 경우에 말미가 꽤 아래쪽까지 뻗쳐 있다면 지적인 면은 인정되나 마음이 약해서 의뢰심이 강하고 행동력이 결여되어 있다고 본다. 그래서 사회생활 면에 있어서는 여러 가지로 안 봐도 될 손해를 보는 경우가 많을 것이다.

■ 말미에 별이나 섬이 있다. (그림 c의 ㉮㉯)

그림 c

별(房)이나 섬이든 어느 것이나 신경성의 질병이나 머리 부분의 부상을 암시하는 것이다.

다만, 이러한 불의의 재난이나 구체적인 질병은 여간해서는 그 옳은 판단이 어렵다.

이러한 손금(紋線)의 상태를 정확하게 보려면 많은 경험이 필요하다.

그러므로 조심하는 것이 상책이겠으나 너무 불안해하는 것도 좋지 않다. 수상을 보는 사람도 신중히 판단해서 감정해야 한다.

◘ 말미가 세 가닥으로 되어 있다. (그림 d)

세 갈래의 상태나 두뇌선
의 곡선 형상은 형형색색이
겠으나 대체적인 의미는 같
다고 본다.

세 가 닥 의 말 미 (末尾)

성격은 섬세하고 사소한
점에까지 두뇌의 회전이 작
용한다. 게다가 손이 부드러
운 사람이라면 독선적이고
조금 능청스럽고 요령 있게
게으름을 피우는 장기(長技)
가 있다.

그림 d

그 위에 다시 수형이 첨두형(尖頭型)이라면 너무 호사스러
움을 좋아하며 변덕이 있고 실속 없이 겉치레를 많이 하는
형이다.

두뇌선(頭腦線) ④ 2중 두뇌선을 보는 법

◘ 길게 평행한 2중 두뇌선 (그림 a)

두뇌선에 평행하여 그림과 같은 선이 하나 더 생겨 있는
경우를 2중 두뇌선이라고 한다.

2중 두뇌선이 있다면 일반적으로 좋은 운세(運勢)이지만

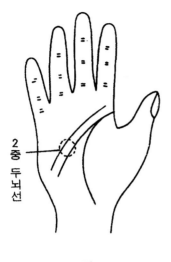

유달리 긴 2중 두뇌선은 두뇌 명석, 예민한 직감력, 세심한 마음 쓰임 등을 의미한다. 더욱이 신중성, 용기와 결단력 등도 겸비하고 있기 때문에 자기 자신에 대한 자신(自信)도 있고 해서 그 행동도 정열적이다. 집단의 우두머리가 되고 같은 연배 중에서는 가장 빨리 두각을 나타낼 것이다.

그림 a

이와 같은 능력을 지니고 있는 사람이므로 풍부한 착상력과 실천력을 살려 한꺼번에 두 가지 일을 하는 것도 가능하다. 물론 금전운도 잡을 수 있다. 화술(話術)도 뛰어나서, 경우 바른 일로 많은 인망을 모을 것이다.

이상과 같이 대단히 좋은 운(運)의 선이지만 때로는 이중 인격자가 되는지 모르므로 조심해야 한다.

■ 선단(先端)이 두 가닥으로 되어 있는 2중 두뇌선 (그림 b)

본선(本線)에서 지선(枝線)이 생겨 있는 모양의 2중 두뇌선이다. 이 지선은 본선의 위쪽으로 갈라져 있는 경우와 아래로 갈라져 있는 경우가 있다. 그 의미의 대강은 같다고 생각해도 좋다.

이 의미는 그림 a의 2중 두뇌선만 하지는 않으나 예민한 느낌을 가지고 있고 착상력도 풍부하며 사교적으로도 잘해나가는 형이다. 한편 이 2중 두뇌선을 가졌고 게다가 두뇌선의 기점이 생명선과 떨어져 있으면 풍부한 결단력과 용기도 있다고 본다.

그림 b

■ 두 가닥으로 되어 있는 2중 두뇌선으로 한쪽 선단(線端)이 위를 향하고 있다. (그림 c)

이 경우에 있어서 위를 향하고 있는 2중 두뇌선을 상재운(商才運), 또는 상업운(商業運)이라고 한다. 이 선은 상재운이라는 자구처럼 상재(商才)가 있어서 장사가 능란하므로 사업 거래상에 있어서 성공률이 높다고 본다. 말할 것도 없이 돈벌이에도 직결되므로 금전운은 타고난 상(相)의 하나라고 하겠다.

그림 c

두뇌선(頭腦線) ⑤ 궤조선(軌條線)을 보는 법

■ 완전한 궤조선(軌條線)으로 되어 있는 두뇌선 (그림 a)

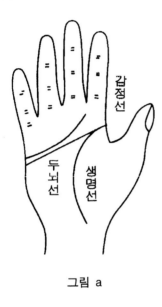

그림 a

손바닥을 가로로 양분하듯이 문선이 가로지르고 있는 경우를 일반적으로 궤조형(軌條型)이라고 한다.

더욱이 두뇌선 하나로 궤조형이 될 수는 거의 없고 대부분은 감정선과 평행을 이루어 궤조형이 되어 있다.

이 상은 기지(機知)가 있고 기회를 잡는 데 능란하지만 도(度)가 지나쳐서 수전노(守錢奴)가 되거나 인간미가 결여될 수도 있다. 재운(財運)도 있겠지만 때로는 큰 손해를 보는 경우도 있다.

■ 궤조선이 쇠고리 모양으로 되어 있다. (그림 b)

물욕이 강하고 그래서 재산을 이룩하고 축적하는 재능이 있다. 그런데 건강치 못한 까닭에 그 재능을 십분 발휘하지 못하는 사람도 있다.

일반적으로 건강운에서는 신경질적이며 두통을 지니는 사

람이 되기 쉽고 나날의 마음 쓰
임에 초조하고 조급한 경향이
엿보인다.

그림 b

두뇌선(頭腦線) ⑥ 도중에 잘려 있는 경우

■ 잘린 선이 부분적으로 겹쳐 있다. (그림 a)

두뇌 변조(變調)가 있게 될 것
으로 본다. 경미하다면 감(感)이
둔해지고 폭발적인 흥분을 일으
키거나 병적인 신경질로 될지도
모른다. 그 밖의 두부(頭部)의
부상이나 고열로 말미암아 사고
감각에 이상이 일어나게 될 수
도 있겠다.

그림 a

■ 잘린 곳이 몇 겹으로 겹쳐 있다. (그림 b)

그림 b

정신적으로 약점이 있고 집중력, 지속력이 결여되어 있다. 직업이나 가정에 혼란을 일으키기 쉬운 상의 하나이다. 다시 이 상(相)에서 두뇌선의 기점이 아래쪽으로 내려갈수록 의뢰심이 강하고 소심(小心)과 결단력 부족에서 날마다 불평과 혼미 속에서 자기를 얽어매기 쉽다. 될수록 일상 생활에 있어서 명랑함을 되찾는 노력을 거듭하기 바란다.

■ 단속적으로 잘려 있다. (그림 c)

그림 c

그림 c처럼 선이 가늘게 잘려 있는 경우는 두뇌, 두부(頭部)에 이상이 일어나기 쉬운 것을 나타낸다. 평소 두통으로 괴로움을 느끼거나 신경질적이다. 또 정신적으로는 소심하고 도가 지나칠 만큼 소극적인 성격으로 항상 결단을 내리지 못하고 꾸물꾸물 주저하기만 한다.

감정선(感情線) ① 기점(起點)을 보는 법

◼ 표준보다 위에 기점이 있다. (그림 ㉮)

감정선의 기점(起點)의 표준
은 손목선 가운데 가장 위의
선에서 새끼손가락의 밑동까지
의 사이를 4등분하여 위에서 4
분의 1에 해당하는 곳이다.

이 표준보다 기점이 위에 있
다는 것은 수성구가 협소한 결
과가 된다. 그런 까닭에 이 경
우는 물욕, 금전욕에 사로잡혀
있다고 보는 것인데 그것은 동
시에 마음이 좁다는 것이 된다.

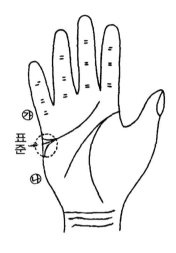

불과 몇 푼 되지 않는 돈에 대해서도 야단스럽고 돈과 재
물을 제일로 삼는 사람이라 하겠다.

게다가 손을 오므려서 내미는 사람이라면 인색한 성격은
더욱 심할 것이며 본격적인 수전노가 되기 십상이다.

◼ 표준보다 아래에 기점이 있다. (그림 ㉯)

수성구(水星丘)는 넓어지겠으나 제2화성구가 반대로 좁아
진다. 그런 까닭으로 인내심이 결여되고 반항심만 강한 소인
이 되기 쉽다. 더욱이 노력하지도 아니하고 분수에 맞지 않

게 세상을 살아가려고 한다.

　다만 이 기점을 보는 법은 장구(掌丘)를 중심으로 하여 보게 되지만 장구는 넓이뿐만이 아니라 풍요로움도 판단의 재료를 삼아야 한다. 장구를 보는 법을 참고로 할 일이다.

감정선(感情線) ② 장단(長短)을 보는 법

■ 표준보다 유달리 길다. (그림 ㉮)

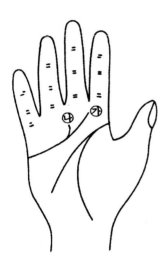

　감정선의 길이의 표준은 중지(中指)의 밑동을 중심에서 아래로 그어 보아서 그 선에 부딪히는 정도의 길이다.

　표준 이상의 길이는 애정과다(愛情過多)의 성격을 나타낸다. 유달리 너무 지나치게 긴 선은 독점욕, 시기심 등이 있어서 정에 빠지게 될 의미를 지닌다. 요컨대 다정다감하다는 것이다.

　그러나 표준보다 조금 긴 정도라면 자상하고 마음속으로부터 우러나오는 두터운 애정을 의미한다.

　본질적으로는 표준보다 길다는 것은 나쁜 것이 아니다.

■ 표준보다 유달리 짧다. (그림 ⑭)

애정에 대한 태도가 보통보다 담백하다고 본다.

이렇게 말하면 무언가 시원스러운 성격을 연상하겠지만 분명히 말해서 타인에 대하여 냉담하다. 굳이 이성간의 사랑뿐만 아니라 타인에 대한 동정심, 성의를 인정하는 마음이 부족하다. 이기적으로 되기 쉽다.

한편 건강면으로는 심장계통의 질환에 걸리기 쉬우므로 조심해야 한다.

감정선(感情線) ③ 말미(末尾)를 보는 법

■ 인지(人指)와 중지(中指)의 중간으로 들어간 것 (그림 a)

표준보다 조금 긴 감정선이다. 그러므로 애정이 풍부하고 이성(異性)을 포함하여 타인에 대하여 성심을 다한다. 또 이 선에 흠, 점 등의 결점이 없고 미려(美麗)한 곡선을 그리고 있으면 심장계통은 튼튼하다. 다만, 다소 조숙한 기미가 있는 것이 마음에 걸리는 수상이다.

그림 a

■ 목성구의 중앙까지 뻗치고 있다. (그림 b)

목성구

그림 b

표준보다 상당히 긴 감정선이 므로 애정과다(愛情過多)의 상이다. 자칫 정에 흐르기 쉽고 애정 문제로 고민이 많을 것이다. 그러나 기초적으로는 순수한 애정의 소유자이므로 상대의 사정에 따라 멋진 사랑의 열매를 맺을 것이다. 그것을 판단하기 위해서는 두뇌선을 차분히 끝까지 확인할 필요가 있겠다.

■ 인지(人指)의 밑동까지 뻗쳐 있다. (그림 c)

그림 c

상당히 긴 감정선이다. 한번 반해버리면 끝까지 물고늘어지는 형일 것이다. 그런데 그 성격 탓으로 반해버린 상대를 의심할 줄 모르며 무의식중 다툼의 와중(渦中)에 휘말려 버리기 쉽다. 애정이 너무 깊은 탓이라고 하겠다. 그러나 만약 반한 상대로부터 배신을 당하거나 하면 오랫동안 재기(再起)하지 못할 만큼 충격을 받는다.

■ 목성구를 가로지르고 있다. (그림 d)

너무 지나치도록 긴 감정선이다. 질투심이 강하고 항상 사랑하는 사람을 독점하고 있지 않으면 안달이 날 형일 것이다. 그런데 질투심이 더 강해지면 상대를 그릇되게 추측(推測)하는 결과 사랑이 미움으로 바뀌어서 소동을 일으키거나 아름다운 사랑의 열매를 맺지 못하는지 모른다. 이를테면 실연이나 이혼을 맛보게 될 것을 예상할 수 있다.

목성구

그림 d

■ 목성구와 토성구의 중간에서 끝나 있다. (그림 e)

약간 긴 편인 감정선이지만 선이 그린 커브의 모양으로 조금씩 뉘앙스가 달라진다. 선에 커브가 적으면 애정을 자기 억제하는 형으로써 이성(異性)과의 교제에 소극적이다. 애정표현도 서툴 것이다.

만약 완만한 커브를 그리고 있다면 마음으로는 사랑의 불

목성구

토성구

그림 e

꽃을 태우고 있을지라도 적시호기(適時好機)에 마음속의 사랑을 고백하지 못하여 손해(損害)를 보기도 한다.

■ 토성구의 중앙에서 끝나 있다. (그림 f)

토성구

그림 f

감정선의 길이가 표준이다. 지선(枝線)이 한 가닥도 없는 경우는 자기중심적으로 애정을 생각하는 형이다. 이를테면 타인에 대하여 맹목적인 사랑을 지녔다고 할지라도 곧장 식기 쉽다. 더욱이 자기에게 있어서 이득이 되는 것이라고 생각한다면 지금까지 정신 없이 사랑을 쏟고 있던 상태도 미련 없이 버리고 만다. 요컨대 현실파이다.

■ 약지(藥指)의 밑동에서 말미(末尾)가 끝나 있다. (그림 g)

매우 짧은 감정선이라 할 수 있으므로 원래가 정애(情愛)를 별로 느끼지 않는 사람이며, 이기적인 형이다.

타인의 감정보다 자기를 우선시키기 때문에 이를테면 이성(異性)과 교제할 때에는 정신적인 교제보다도, 즉 성적인 것을 구하게 될 것이다.

그리고 상대에 대해서는 사소한 불만일지라도 느끼기 시작하면 당장에 냉담해지고 만다. 아무래도 영원한 사랑과는 인연이 먼 사람이라 하겠다.

그림 g

◘ 토성구의 아래에서 급상승하고 있다. (그림 h)

감정선의 표준의 길이에 덧붙여 상승분의 길이가 있으므로 다소 긴 감정선이 되고 만다. 그렇기에 사랑에의 정감이 깊다.

그러나 급상승해서 침입한 토성구는 경계심도 보는 장구(掌丘)이므로 경계심의 주의력이 산만하고 그것이 원인이 되어 애정문제로 말썽을 일으킬 수 있는 수상이라 하겠다. 이 점에 세심한 주의를 해주기 바란다.

토성구

그림 h

■ 토성구의 아래에서 급강하(急降下)하고 있다. (그림 i)

토성구

그림 i

토성구로 급상승해 가는 경우와 감정선의 길이는 비슷하겠지만 애정면은 더욱 나쁜 것으로 본다. 도리어 어긋나는 사랑을 하거나 삼각관계가 되기도 하고 자기의 사랑을 무리하게 관철하기 위하여 개인에게 상처를 입히게 될 것 같다.

이렇게 되면 결과적으로 자기 자신의 평판도 나쁘게 될 것임을 알아야 하겠다.

■ 말미가 두뇌선을 잠식(蠶食)하고 있다. (그림 j)

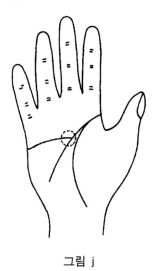

그림 j

궤조선(軌條線)이기도 하므로 현실파임에는 틀림이 없다. 이 수상의 경우는 이성적으로 사물에 대처하여 사랑에 빠져버리는 따위의 극단성은 피할 것이다. 사랑보다도 오히려 직업이나 연구에 정력을 기울여 삶의 보람을 느끼는 형이다. 냉담하기보다도 사랑을 표현하거나 유지해 나가는 솜씨가 서툴다고 본다.

감정선(感情線) ④ 지선(枝線)이 있는 경우

■ 말미가 두 가닥으로 본선이 목성구 중앙에, 지선이 인지와 중지의 중간으로 뻗쳐 있다. (그림 a)

감정선의 지선은 이성으로부터의 인상이나 영향을 의미하는 것이다. 또 일반적으로 지선이 많을수록 감정의 동요가 심하다고 본다. 그림 a의 경우 감정선의 길이는 표준보다 긴 까닭에 풍부하고 따뜻한 애정, 솔직한 마음을 지니고 있음을 알 수 있다. 연애운, 가정운에서도 길상(吉相)으로 친다.

그림 a

■ 두 가닥인데 지선이 하강(下降)하고 있다. (그림 b)

실연(失戀)의 수상이다. 성격으로는 다소 뜨겁게 되기 쉽고 식기도 쉬운 편으로 본다.

또 감정선 자체가 길다면 격정형(激情型)이고 질투심에 의해서 짧으면 이기형(利己型)으로 냉담함에 의해서 각각 파극을 자초하는 것이라고 본다.

그림 b

◘ 하강(下降) 지선이 여러 개 나와 있다. (그림 c)

그림 c

감정선 자체는 긴 까닭에 풍부한 애정의 소유자라 하겠다.

단 틀림없이 사랑을 하겠지만 그 결말은 반드시 좋은 결과로 결실을 본다고는 할 수 없다.

하강(下降)하는 지선은 길고 굵을수록 사랑이 이루어지지 않음을 의미한다.

또 지선의 수가 많을수록 다정한 마음을 나타내는 것이다.

◘ 감정선이 짧고 작은 하강(下降) 지선이 많이 나와 있다. (그림 d)

짧은 감정선은 박정함을 나타내고 하강하는 작은 지선이 많이 나와 있다는 것은 실연을 많이 하게 된다고 본다.

즉, 이 상(相)은 마음 내키는 대로 많은 사랑을 겪는다. 박정함으로 한 사랑에 빠지는 일도 없고 변덕스럽게 상대를 바꿀 것이므로 어느 사랑도 결실하지 않을 것이다.

그림 d

■ 말미가 세 가닥으로 되어 있다. (그림 e)

이와 같은 경우, 아래에서 뻗어오는 지선은 상승하는 것이 특징이다. 섬세한 마음의 소유자이며 성격도 밝은 까닭에 많은 사람으로부터 사랑을 받는 형이다.

교제 수완이 뛰어난 면도 있다. 다만 자칫하면 팔방미인격으로 되기 쉬운 것이 결점이다. 애정 면에서는 조금 안정되지 못한 점이 있고 독선적이긴 하지만 상사상애(相思相愛)의 상대를 찾아내고야 말 수상이라 하겠다.

그림 e

■ 기다란 감정선의 상하에서 상향성(上向性)인 짧은 지선이 나와 있다. (그림 f)

나와 있는 지선이 모두 상승하고 있는 경우는 길운(吉運)이라고 일컬어진다. 한 가닥이라도 하강선이 있다면 판단의 차이가 생긴다. 또 상하의 각각 상승하는 지선이 있다는 것은 동정심이 있고 깊은 애정을 간직하고 있음

그림 f

을 나타낸다. 이것은 이성뿐만 아니라 모든 사람에 대하여
사랑을 쏟을 것이다.

감정선(感情線) ⑤ 도중에서 잘려 있는 경우

◙ 토성구의 아래에서 잘려 있는 경우 (그림 a)

토성구

감정선의 길이로 말하면 긴
편이므로 정열적일 것이다.

그러나 토성구의 아래에서
잘려 있음은 정에 약하고 갈
피를 잡지 못하고 우왕좌왕할
것을 나타내는 것이다.

사랑을 했을 경우 어떤 문
제가 대두되어 실연(失戀)하
는 서글픔을 맛보게 될지도
모른다.

그림 a

◙ 태양구의 아래에서 잘려 있다. (그림 b)

감정선 자체의 길이에 따라서 애정에 관한 차이가 있게 된
다. 어느 것이든 독선적인 탓으로 파국을 자초하게 될 것 같
다. 이를테면 결혼을 할지라도 독선적인 원인에서 이혼을 하

게 될 것이 예상된다. 게다가
원추형으로 흰색이고 부드러
운 손의 소유자라면 독선이 더
욱 심해져 제 마음 내키는 대
로 행동하게 되므로 더욱더 사
랑의 열매를 맺지 못하게 될
것으로 본다.

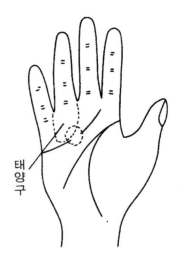

그림 b

■ 수성구의 아래에서 잘려 있다. (그림 c)

사랑의 파탄을 나타내는 선
이다. 그 원인은 이기주의거나
물욕이 지나치게 강한 것을 나
타내게 된다. 게다가 장구(掌
丘) 가운데서도 금성구만이 유
달리 팽만(膨滿)하여 있고 손
을 오므려서 내고 무지(拇指)
를 항상 굽혀서 내어 밀고 무
지의 끝마디가 단단하게 부풀
어 있는 등의 조건이 겹친다면
금전에 대한 집착이 강하여 더

그림 c

욱 사랑을 순수하게 열매 맺는 결과에서 멀어진다고 본다.

■ 토막으로 잘려 있다. (그림 d)

그림 d

희로애락(喜怒哀樂)의 변화가 심하고 금방 웃고 있는 줄 알았더니 벌써 눈물짓는 변덕쟁이며, 남에게 대하여는 성미가 옹졸하여 성을 자주 내는 형이다. 애정에 관해서는 때로는 다정다감하다가도 때로는 박정해지기 때문에 상대방의 호감을 사기 어려우므로 사랑이 잘 되어 나갈 수 없을 것이다.

다만, 의외로 사소한 데까지 주의가 미치는 세심한 데가 있으나 그것도 자기 마음이 내킬 때뿐이어서 타인으로부터 두터운 신뢰를 얻기는 어렵다고 보겠다.

운명선(運命線) ① 기점(起點)을 보는 법

■ 손목의 선 가까이에 기점이 있다. (그림 a)

기점이 손목의 선에 가깝고 손바닥을 세로로 양분하듯이 나와 있다면 어릴 때부터 따뜻한 가정, 천혜(天惠)의 환경에서 자란 것을 뜻한다. 그 위에 운명선이 곧게 뻗쳐 있으면 앞으로의 운세(運勢)는 파란도 없고 행복하다고 하겠다.

그런데 이 행복의 선은 자기의 노력에 의해서만 이루어진 것이 아니라 부모로부터 물려받은 것이 크다고 보겠다. 그래서 장래를 위하여 스스로 미지의 세계에 뛰어들어 개척해 나가기보다는 확실하게 현재의 기반을 보다 튼튼하게 굳혀 나가는 쪽이 행복을 잡기가 용이하다.

모험을 하기보다는 건실성을 택하는 쪽에 성심을 다할 일이다.

그림 a

◙ 생명선상에 기점이 있다. (그림 b)

자기의 피와 땀과 눈물로써 운을 개척해 나간다고 본다. 즉 노력하지 않으면 행운을 잡을 수 없다고 할 수 있다.

물론 여러 가지의 난관에 부딪히겠지만 이 수상은 노력만 꾸준히 계속해 나가면 승리를 거둘 수 있다. 아무리 노력을 해도 행운을 잡지 못하는 운세도 있는 데 비하면 틀림없이 길(吉)한 운명선이라 하겠다.

그림 b

■ 생명선상의 지선이 운명선으로 되어 있다. (그림 c)

노력선

그림 c

생명선상에서도 언급한 바와 같이 이 지선은 노력선이라고도 한다. 노력선은 뻗쳐 나가는 방향에 따라서 운명선으로 또는 태양선으로 때로는 재운선(財運線)으로 되기도 한다.

운명선으로 뻗쳐 나간 경우에도 생명선에 기점을 두고 있는 것이므로 그림 b의 경우와 비슷하게 노력에 의하여 개운(開運)할 수 있다고 본다.

■ 월구(月丘)에 기점이 있다. (그림 d)

월구

그림 d

자기 자신의 재능이나 노력이 없어서는 안 되지만 그것이 있으면 인기나 원조에 의하여 행운을 잡을 수 있는 수상이다.

이를테면 자기의 감정이나 희망 등을 시문(試文)에 의탁하거나 번쩍이는 생각을 과학계통으로 살려나가면 인기를 넓혀나갈 수 있을 것이며 재정적인 원조도 받을 수 있을 것이다.

직업으로는 탤런트, 소설가, 시인, 작곡가, 화가, 각종 디자이너, 발명가, 기술자 등과 결부되는 선이며 예능·예술방면을 뜻하는 자에게 꼭 있기를 바라는 성공의 표시선이다.

따라서 이 선의 유무는 이들 직업으로써 성공하는 데 꼭 필요하다 할 수 있다.(이 밖에도 약지 새끼손가락, 월구, 태양구, 수형(手型)도 본다.)

아무리 재능이 있고 노력해도 성공운이 없어 수포로 돌아가는 수없이 많은 사람에 비하면 얼마나 소망스러운 선이겠는가!

■ 장중(掌中)의 중앙 부근에 기점이 있다. (그림 e)

직장에 들어가 얼마 동안은 몇 번이고 실패를 거듭하거나 머리를 짓눌리는 등 고생을 하게 될 것이다. 그러나 자기의 방침기반을 작게나마 찾아내어 그것을 끝내 지켜나가되 성장은 비록 더딜지라도 끈기 있게 키워 나간다면 35세 이후부터는 반드시 상승운을 타게 될 것이다.

이 경우의 상승 정도는 두뇌선의 상태에 의거하게 될 것이므로 그것도 살펴보아야 한다.

그림 e

■ 감정선의 위에 기점이 있다. (그림 f)

그림 f

중년 전반까지는 운세에 파란이 있고 노력을 해도 열매를 맺지 못하여 쓴잔을 마시게 되는 시기가 계속될 것이다. 그러나 만년은 안태할 것이다. 또한 생각지도 않은 착상으로 기회를 잡고 성공의 토대를 구축할 수도 있다. 그리고 감정선과 두뇌선의 길이가 비슷하고 다같이 완만한 커브를 그리고 있으면 원만한 인격과 상사의 인도로 행복한 인생을 보내게 될 것이다.

■ 두뇌선의 위에 기점이 있다. (그림 g)

운명선이 똑바로 상승하고 있고 더욱이 그 기점으로 되어 있는 두뇌선이 길거나 혹은 뚜렷하게 새겨져 있고 흠 따위의 결점을 지니지 않았다면 길운(吉運)이라고 본다. 자기의 재능을 직업면에서 살릴 것이다.

또 중년 이후에는 재능이나

그림 g

아이디어가 인정되어서 기회를 잡을 수 있을 것 같다. 만약 두뇌선 자체나 그 지선이 상승 곡선을 그리고 있으면 금전운도 붙어 다닐 것이다.

■ 생명선의 안쪽에 기점이 있다. (그림 h)

금성구에서 출발하여 생명선을 종단(縱斷)해서 상승하는 운명선도 길운의 하나이다. 자기의 눈에 띄지 않는 노력이 친척의 원조로 꽃피울 수 있을 상이다. 그러나 금성구 안의 운명선 부분이 힘찬 선이고 게다가 난조(亂調)를 띠고 있으면 감정은 달라진다. 그런 경우는 오히려 친척으로부터 타격을 받게 될 것이다.

그림 h

운명선(運命線) ② 말미(末尾)를 보는 법

■ 도중에서 멈추어 있다. (그림 a)

유년기, 청년기는 무엇이나 순조롭게 진척될 것이다. 그런데 중년기에 들어설 즈음이 되면 언제인지도 모르게 행운의 여신이 등을 돌려버린 느낌을 받을 것이며 실제로 매사가 순조롭게 진척되지 않게 된다. 이 중년기에 만약 무지가 가늘

그림 a

고 짧으며 끝마디 무복(拇服)의 부분에 야무지고 힘차지 않고 부드러움을 느끼게 하는 것이라면 그것은 더욱 순조롭지 못한 물결에 부딪히게 될 것임을 나타내는 것이다. 그 반대가 각 장구(掌丘)에 힘차고 야무진 맛이 있고 단단한 손을 하고 있고 두뇌선도 길고 뚜렷하게 새겨져 있는 경우이다. 이 경우는 멈춰 있는 운명선의 선단(先端)이 더욱 뻗쳐 나가는 기운이나 상승 지선이 생기게 되고 중년 이후의 정체(停滯)를 그것이 밀어붙여 줄 것이다.

■ 두뇌선에서 멈추어 있다. (그림 b)

여러 가지 점에서 착각하거나 예상이 빗나가기 쉽다.

더욱이 두뇌선이 똑바른 선이라면 외곬으로 깊이 생각하는 형인 데다가 요령이 나쁜 까닭에 착각, 빗나가는 엉뚱한 생각이 더욱 심해지게 된다.

이상의 성격은 따지기를 좋

그림 b

아해서 주위의 사람들과 충돌하기 쉽고 불쾌감을 주게 될 것이며 그것이 운세의 정체(停滯)를 초래하게 될 것이다.

■ 감정선에서 멈추어 있다. (그림 c)

감정이 향하는 데로 일으키는 행위에 의하여 운세의 발전을 정지 당할는지 모른다.

또 감정선이 정에 빠지기 쉬운 것을 나타내고 있다면 애정문제가 운세를 멈추어 버리게 할지도 모른다. 만약 감정선, 결혼선이 다 좋지 않은 선이라면 마음이 내키지 않는 결혼, 변변치 못한 결혼을 해서 그것이 운명의 상승을 정체(停滯)시키고 만다.

그림 c

운명선(運命線) ③ 도중에서 잘려 있는 경우

■ 도중에서 크게 잘려 있다. (그림 a)

운명선의 도중이 잘려 있으면 그 잘린 구간은 순조롭지 못한 운세의 기간으로 본다. 그림 a처럼 크게 잘려 있는 경우는 그만큼 순조롭지 못한 기간이 길다고 보는 까닭이다. 더욱이 잘린 선단의 선이 매우 약하거나 사행(蛇行)하고 있는 것 같

운명선

그림 a

으면 청춘시대까지는 순조롭고 중년 이후는 별로 햇빛을 보지 못하게 될 것이다.

또 운명선이 잘린 곳은 운명의 전환기이며 직업에는 말썽이 생기기 쉽고 기혼자라면 부부싸움이 끊이지 않는다고 본다.

게다가 성격에도 영향을 주어서 그때까지 활발한 사람일지라도 무기력하게 되고 만다. 결국 모든 면에 걸쳐 운세의 저조가 반영되어 하는 일마다 빗나가게 되어 그것이 성격까지 바뀌버리게 되는 것이다.

◘ 중첩된 모양으로 잘려 있다. (그림 b)

그렇게 장기간은 아니겠지만 역시 한때, 쇠운(衰運) 상태에 부딪히게 된다. 무엇을 해도 잘 되지 않고 어긋남과 빗나감이 생겨서 조급해지면 조급해질수록 수렁에 빠져버리고 마는 한때이다. 다만 잘린 선단의 운명선이 힘찬 경우에는 두뇌선이

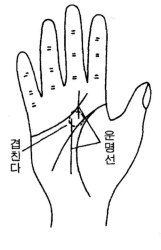

겹친다   운명선

그림 b

좋은 것을 조건으로 하여 부활하든지 다른 분야에서의 활약이 기대된다.

◼ 토막토막 잘려 있다. (그림 c)

아무리 운명선이 길더라도 흉운(凶運)이다. 성격면에서는 무엇이나 싫증을 자주 일으키는데다가 노력해서 고난을 극복, 타개하려는 기개가 전혀 없다.

게다가 손이 부드러우면 게으를 것이고 고리쇠의 생명선을 하고 있으면 연중 병상의 신세를 면치 못함을 의미한다. 이러한 의미는 더욱 흉운(凶運)을 굳히는 것이 될 것으로 본다.

그림 c

운명선(運命線) ④ 지선(枝線)이 있는 경우

◼ 월구에서 상승한 선이 운명선에 붙어 있다. (그림 a)

이 경우는 출발점은 운명선이 아니고 월구이지만, 그것이 운명선에 붙어서 두 가닥의 모양을 이루고 있는 것이다.

이 선은 별칭(別稱) 행운선이라 하며 대단한 행운을 부른다. 더욱이 운명선 자체도 좋은 선이라면 두 개의 행운이 겹

월구

지선

그림 a

치는 결과가 된다. 인기를 모으거나 원조를 받거나 해서 정말로 천혜(天惠)의 인생을 보내게 될 것이다. 또 호화로운 저택에서 살게 된다는 의미도 있다.

만약 여성이라면 재산가이고 손이 커서 금품을 호기(豪氣)있게 쓸 뿐만 아니라 마음씨도 어질다는 세 가지 조건을 고루 갖춘 남자와 짝을 이루게 될 것이고 때로는 좋은 후원자도 나타나게 될 것이다. 단 닮은 듯한 선으로 출발점이 운명선이라면 의미는 반대로 될 것이다. 좋은 운명선일지라도 발목이 잡히는 손해선이다. 약혼자의 배신 등도 있을 것이다.

■ 도중에서 크게 나뉘어 있다.
(그림 b)

도중에서 운명선이 두 가닥으로 나뉘어져서 어느 쪽이 본선인지 뚜렷하게 구별될 수가 없는 경우이다. 또 그 상태에 가까운 경우를 포함해도 좋을 것이다. 이것은 2중 운명선의 일종이다. 여성인 경우 신변에 변화

그림 b

가 일어나고 때로는 남편과의 이별 등도 겪게 될 것이다.

남성인 경우는 전직(轉職), 사업의 실패나 변동 등을 의미한다. 다시 분기점이 아래쪽이면 주거를 먼 곳으로 옮기지 않으면 안 되는 것이라고 본다.

■ 장구(掌丘)를 향해서 지선(枝線)이 상승하고 있다. (그림 c)

어느 쪽의 지선도 지선의 분기점에서 개운(開運)하게 될 기회를 잡게 될 것을 나타낸다.

지선이 목성구를 향하고 있는 (그림 c의 ㉮) 경우는 향상심이 풍부함을 의미하고 있으므로 야망을 불태워서 적극적으로 면려(勉勵)하면 영광을 잡을 수 있을 것이다.

지선이 태양구를 향하고 있는 (그림 c의 ㉯) 경우는 물질운이

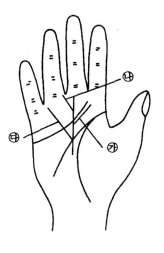

그림 c

강하고 실업, 예술, 예능의 세계에서도 성공한다는 행운행(幸運行) 차표라고 본다.

지선이 수성구를 향하고 있는(그림 c의 ㉰) 경우 상재(商才), 과학적 재능이 풍부하고 그것을 활용함으로써 재산운을 잡을 수 있다.

태양선(太陽線) ① 기점(起點)을 보는 법

◼ 손바닥의 중앙에서 상승하고 있다. (그림 a)

사회생활을 시작해서 얼마 안 될 때는 불평불만을 가지고 불안한 나날을 보내게 됨과 동시에 좋은 인간관계를 얻게 되기는 드물지도 모른다.

그러나 빠르면 30대 후반에서 개운(開運)하여 인망도 얻게 되고 인생이 즐거워진다.

그림 a

◼ 월구(月丘)에 기점이 있다. (그림 b)

창조력, 공상(空想), 꿈 등을 활용함으로써 행운의 기회를 잡는다. 또 인기를 얻거나 발탁(拔擢)에 의하여 성공을 하게 될 것이다. 예능 관계 등 인기 직업에 맞는 상(相)이라고 하겠다.

그림 b

◼ 제2화성구에 기점이 있다. (그림 c)

인내심, 자제심이 풍부하고 그
것을 살려 타인을 보좌하는 것으
로 성공할 것이다. 이를테면 참모
형(參謀型)이라 하겠다. 만약 독
립한다면 소규모나마 이익률이
높은 직종을 선택하면 잘 되어
나갈 것이다. 새끼손가락과 수성
구의 상태가 길상(吉相)이라면
조그마한 음식점이나 자기가 지
닌 기술을 활용하는 기업도 훌륭
하게 키워나갈 수 있다고 본다.

그림 c

◼ 두뇌선에서 상승하고 있다. (그림 d)

감(感)이 좋고 명석한 두뇌의
소유자이다. 기회를 찾는 재능이
뛰어나 있다. 또 교제도 능숙하므
로 자기를 값비싸게 내세워 대우
를 받고야 마는 결과가 될 것이다.
게다가 새끼손가락이 길고 손이
작고 두뇌선의 상태가 길상(吉相)
이라는 호조건을 구비하였다면 멋
진 솜씨로 여러 가지 문제를 처리
해 호평을 받는 인물일 것이다.

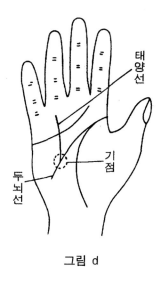

그림 d

■ 감정선에서 상승하고 있다. (그림 e의 ㉮)

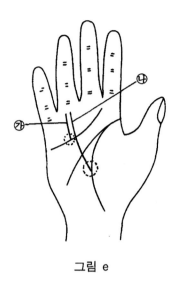

이른바 대기만성형, 만년 안태형(安泰型)이다. 젊었을 때는 충분하게 능력을 발휘하지 못한 채 지내겠지만 그러는 동안 두각을 나타내게 될 것이고 직업면에서나 가정면에서나 알찬 생활을 영위하게 될 것이다.

그림 e

■ 생명선에 기점이 있다. (그림 e의 ㉯)

한번 결정한 일은 반드시 해내고야 말 강한 의지의 소유자이다. 그리고 남모르는 노력과 인내에 의하여 예술, 문장의 재능을 발휘하여 멋지게 영광을 얻게 될 상(相)이다.

또한 이 선이 약간일지라도 생명선의 안쪽에 기점이 있다면 친척의 원조로 성공할 것이다.

◨ 운명선에 기점이 있다. (그림 f)

주위의 의견을 뿌리치고서라
도 자기의 신념대로 전진해 가
는 형이다. 이것으로써 길운
(吉運)을 잡을 것이다.

단 선이 잘렸거나 사행(蛇
行)한다면 길운(吉運)은 엷어
지고 말 것이다.

그림 f

태양선(太陽線) ② 말미(末尾)를 보는 법

◨ 말미가 세 가닥으로 되어 있다. (그림 a)

그림 a

태양선의 본선 말미의 양쪽에
한 가닥씩 상승 지선이 나와
있는 것이다.

명랑한 사람됨과 누구에게도
성심성의를 다할 것이므로 자
기 자신도 여러 사람으로부터
호의를 얻게 된다. 그 사람이
있다면 갑자기 방안이 명랑해
질 만큼 쾌활하다고 하겠다.

가정에 있어서도 여성인 경우는 현모양처가 될 것이며 행복하고 멋진 가정을 구축할 것이다. 주위의 사람들로부터 인망과 신용을 한몸에 모으고 그로 인하여 개운(開運)의 기회를 얻게 될 것이다.

■ 하부(下部)에 왼쪽으로 지선이 돋아 있다. (그림 b)

월구의 가까운 곳에서 출발하여 태양선에 합류하고 있는 지선이 있고 그 태양선도 똑바르고 뚜렷한 선이라면 좋은 협력자를 얻게 될 것을 나타낸다. 이 협력자는 이미 있을지도 모르겠다.

태양선

지선

그림 b

◼ 금성구에서 지선이 합류하고 있다. (그림 c)

생명선 안쪽에 있는 금성구에서 출발한 지선의 말미가 태양선에 합류하고 있는 경우이다. 예술적 재능을 타고났다. 예술가, 문학가, 예능인을 지향하면 친척이 정신적으로나 물질적으로도 후원해 줄 것이다. 그 방향으로 나아갈 사람에게는 꼭 바람직한 선의 하나이다.

그림 c

◼ 아주 약한 태양선이 몇 개나 나와 있다. (그림 d)

한 가닥 한 가닥이 짧고 아주 약한 태양선이 몇 개나 나와 있는 경우는 명랑한 성격으로 교제가 아주 능숙하다. 다만, 자칫하면 확고한 신념을 가지고 있지 않은 탓으로 마침내 팔방미인격이 되어 직업에도 끈기가 없어서 대성(大成)하기는 힘들 것이다. 만약 이 태양선을 지녔고 두뇌선 말미가 상곡(上曲)하

그림 d

고 불룩한 수성구를 이루고 있다면 사람을 다루는 데 능숙한 까닭에 접객직업(여관, 식당업)으로 성공을 할 것이다.

◘ 선상(線上)에 섬이 있다. (그림 e)

섬은 선상의 어느 위치에 있건 좋지 않은 운(運)을 나타낸다.

인간관계의 말썽이나 충돌이 이모저모로 있을 뿐만 아니라 인기, 지휘, 명예의 실추를 초래하기 쉽다고 보겠다.

그림 e

◘ 선이 잘려 있다. (그림 f의 ㉮)

잘린 상태에 따라서 의미의 강약에 차이가 있겠으나 이는 어떤 한때의 쇠운(衰運)을 의미한다.

인간관계에 말썽이나 충돌이 있겠으며, 재운(財運)에 난조(亂調)가 생길 것이다.

다만 운명선이 잘려 있는 경우보다 더한 쇠운(衰運)을 의미하는 것은 아니다.

■ 말미에 성문(星紋)이 있다. (그림 f의 ㉯)

자기의 개성이나 재능이 마음껏 발휘되어 성공할 것이라는 행운을 나타내는 상(相)이다. 이 성문이 있다면 틀림없이 행복하게 될 것이다. 단 잘려 있지 않아야 한다.

그림 f

금성대(金星帶)를 보는 법

■ 토막으로 나와 있다. (그림 a)

토막토막 잘려 있으면서도 활 모양을 하고 있는 금성대(金星帶)인 경우 감수성이 대단히 강하다고 본다. 때로는 너무 지나치도록 신경과민이라고 할만하다. 이 상(相)에 맞추어서 감정선이 유달리 길고 두뇌선과의 균형을 잡지 못했으면 신경

금성대

그림 a

질 기미의 경향으로 되기 쉽다. 일반적으로 말해서 금성대가 없는 사람보다는 감정으로 흐르기 쉬운 기분파이지만 그런 탓으로 이성(異性)에 대한 감정표현 등은 능숙하다.

◼ 잘려 있는 선이 조금 나와 있다. (그림 b)

금성대

그림 b

금성대(金星帶)로써는 흔히 보게 될 형이다. 역시 금성대가 없는 사람보다도 감정에 지배되기 쉽다고 하겠다. 주위의 사람들에 대한 마음씀도 섬세하게 된다.

또한 이 경우도 감정선이 유달리 길다면 타인을 질투하거나 시기하거나 근거 없이 그릇되게 추측하기 쉽다.

▣ 한 가닥만 짧게 나와 있다. (그림 c)

한 가닥만 짧은 금성대가 금성대의 본래 나 있을 부위(部位)의 중앙에 있는 경우는 다소 자기중심적인 감정선의 소유자라 하겠다. 자기의 이해(利害)에 관한 문제에 대해서는 남보다 배 이상의 관심을 쏟아 반영하기 때문에 그 밖의 문제에 대해서는 무시하고 태연하다.

그림 c

▣ 감정선과 붙어 있다. (그림 d)

정(情)에 약한 형이다. 또 감정선만 유달리 긴 경우는 신경질적인 일면의 기미가 있다고 보아도 좋을 것이다.

만약 붙어 있는 감정선이 강한 커브를 그리고 있고 두 뇌선이 월구쪽까지 하강하고 있다면 낭만적이라고 할 수 있다. 이를테면 영화나 소설의 「멜로드라마」를 좋아하고 그

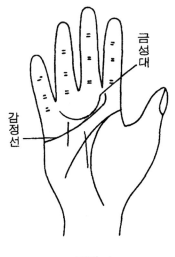

그림 d

비극적인 장면에 눈물을 흘리는 그러한 형이다.

■ 여러 층으로 금성대가 있다. (그림 e)

금성대

그림 e

금성대의 선의 수는 많으면 많을수록 그 의미는 강해지기 때문에 많으면 많을수록 감정에 대하여 민감하다고 하겠다. 애정에 대해서도 같다고 하겠다. 즉 여러 층의 금성대가 있는 사람의 애정감각은 다소 과열기미로써 정상을 이탈한 사랑을 하게 될 가능성도 있다. 또 중지(中指)가 새끼손가락 쪽으로 강하게 굽어 있다면 가족이나 배우자로부터의 애정을 비뚤어지게 해석해 버리거나 비꼬아 받아들인다. 그 결과 가정에 불행을 초래하게 될 것이다.

◘ 금성대에 섬이 있다. (그림 f)

이 경우의 섬은 나쁜 의미는
별로 없고 정열적인 성격임을
의미한다.

또 동시에 두뇌선이 강하고
상태도 좋다면 그 정열을 자제
할 줄도 안다. 그것을 잘 살림
으로써 배우 등 정열을 표현하
는 직업에 적합한 성향(性向)이
라고 하겠다.

섬

그림 f

결혼선(結婚線)을 보는 법

◘ 하강(下降)하고 있다. (그림 a)

결혼한 뒤 아무래도 부부간이
잘 어울리지 않을 것을 나타낸다.
별것 아닌 것을 가지고 싸움을
하거나 어쩐지 충족되지 않은 상
태로 있거나 어느 때인지 상대의
결점만이 눈에 띄게 된다. 일종의
권태기와 같은 상태이다. 노력에
의하여 선(繡)의 모양은 변화하

그림 a

게 될 것이므로 하강선인 사람은 당장에라도 신혼 당초의 기분을 되살려서 사랑을 소생시키는 노력이 필요하다.

그림 b

■ 위로 굽어 있다. (그림 b)

독신생활을 의미하고 있다. 독신주의로 버티어 나가려고 하거나 기혼자가 무엇인가의 이유로 성생활을 영위할 수 없는 그런 뜻이다. 남편 또는 아내의 건강이 나빠지게 되거나 별거(別居)를 하기가 쉬운 그런 상(相)이다.

■ 말미(末尾)가 갈려 있다. (그림 c)

그림 c

결혼 초기에는 행복이 충만하겠지만 몇 년인가 지나는 사이에 차츰 두 사람 사이에 빈틈이 생겨서 바람이 그 틈새를 뚫고 나가게 됨을 나타내고 있다. 그 원인은 자기 자신의 이기주의도 있겠지만 대부분은 상대의 결함에 의한 것이다. 결혼선의 말미가 갈려 있는 것은 곧 사랑의 갈림길로 본다.

◼ 도중에서 잘려 있다 (그림 d)

잘려 있는 상태에 따라서 차이는 있겠지만 부부간의 사랑의 단절이라고 보는 것이 일반적이다. 사랑이 없는 부부생활을 억지로 이어나가게 되거나 때로는 이혼이나 별거 따위로 발전될는지 모른다. 또 바라지 않는 결혼을 하고 만 것을 후회하는 경우도 있다. 단 대단히 가느다란 선일지라도 접속되어 있다면 위기를 극복할 수가 있을 것이다.

그림 d

◼ 결혼선에 섬이 있다. (그림 e)

부부간에 있어서 좋지 못한 징조이다. 표면상으로는 적당하게 냉정함을 위장하고 있어도 그 안쪽에서는 불만이나 불안의 불씨가 도사리고 있는 것이 많을 것이다.

더욱이 때로는 삼각관계에 의한 감정의 얽힘마저 파생되어 부부 사이의 간격은 점점 더 멀어

그림 e

지고 홈을 남기게 될 것이다. 화평하고 즐거운 가정에서 멀어지고 이별의 위기를 겪게 될 것이다.

■ 말미(末尾)가 세 가닥으로 되어 있다. (그림 f)

그림 f

자기 자신의 변덕이나 다정다감함이 원인이 되어서 이성(異性)과의 연결에 지장을 초래하게 될 것이다.

물론 부부 사이의 연결도 그러할 것이고 연인과의 사이도 원만하지 않을 것이다.

성격적으로는 나비처럼 이 꽃 저 꽃으로 옮겨다니는 변덕이 있으므로 그것이 모든 실패의 원인이 될 것이다. 그러므로 첫째로 성실성을 신조로 삼아야 할 것이다.

■ 조그마한 지선이 몇 개나 나와 있다. (그림 g)

그 원인의 대부분은 배우자의 건강이 여의치 못한 데 있다. 치료와 함께 커다란 사랑으로 위안하고 이해하도록 마음을 써야 할 것이다.

한편 이 지선이 상향으로 몇 개나 나와 있다면, 행복한 부부생활을 영위할 수 있다는 길운(吉運)을 의미한다.

그림 g

■ 태양선에 접하고 있다. (그림 h)

그림 h

멋지고 부러운 결혼생활이 될 것을 나타낸다.

먼저 결혼하는 상대는 주위로부터 선망을 받고 있는 사람일 것이다.

여성의 경우라면 꽃가마를 탄 듯한 귀태(貴態)일 것이며, 남성의 경우라면 재색(才色)을 겸비(兼備)한 여성을 아내로 삼을 것이다.

가정생활을 하더라도 이 행운은 계속될 것이다. 매일 장밋빛으로 빛나고 즐거워서 견딜 수 없을 만한 신혼생활이다. 애정과 신뢰로써 훌륭한 가정을 이룩해 나갈 것이다. 참 부러운 선이다.

건강선(健康線)을 보는 법

■ 새끼손가락(小指) 밑의 감정선에서 손바닥을 비스듬히 손목 방면을 향하여 달린다. (그림 a)

이와 같은 선이 건강선이지만 이것은 없는 것이 더 좋다. 왜냐하면 이 선은 노력선이며 남보다 배로 노력함에 있어서

건강면에 마이너스 영향이 나
오게 되는 까닭이다. 다만 나와
있는 선일지라도 잘리거나, 비
틀어졌거나, 굵지도 깊지도 않
고, 또 생명선까지 뻗치지 않는
곳에서 멈추어 있다면 길운(吉
運)이라 할 수 있다.

그림 a

◼ 손바닥의 중간부위에만 나와 있다. (그림 b)

　짧은 건강선이 손바닥의 중
간부위쯤에 있고 그 부근의 색
상이 불량한 경우는 소화기계
의 질환이 있음을 나타낸다. 게
다가 생명선 중간쯤에 섬이 있
다면 소화기계 질환에 만성화
의 가능성이 있다고 본다.

그림 b

■ 선상(線上)에 섬이 있다. (그림 c)

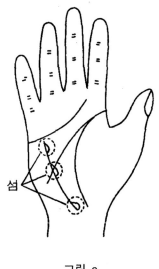

섬

그림 c

감정선에 가까운 건강선 상부의 섬은 허파 등 호흡기계의 질환에 걸리기 쉽고 완쾌되기 힘든 것으로 본다.

더욱이 큰 손톱, 숟가락형 손톱, 세로 주름의 손톱이 많이 있으면 한층 더 호흡기계에 주의하지 않으면 안 된다.

건강선 중부처럼 두뇌선과 교차한 곳의 섬은 신경계의 질환에 주의를 해야 하겠다.

다만 강하고 깊게 굵은 두뇌선은 그의 흉의(凶意)를 약화시킨다.

건강한 하부의 섬은 신장(腎臟), 생식기계가 약하고 질환으로 고생하기 쉽다고 본다.

◪ 토막토막이다. (그림 d)

어디라고 꼬집어 환부가 분명하지도 않은데 항상 두통이 있거나 기분이 명쾌하지를 못할 것이다. 또 위장이 약한 데다가 냉증의 경향도 있다. 그래서인지 조석으로 이랬다저랬다 변덕이 심한 성격으로 인내성도 부족하다.

그림 d

◪ 생명선과 교차하고 있다. (그림 e)

분명하게 교차하고 있는 경우는 건강한 듯이 보여도 의외로 무르고 약하며 한번 누워버리면 완치까지 시간이 걸리거나 중증(重症)이 되기 쉽다.

한편, 생명선에 부딪혀서 멈추어 버리는 경우일지라도 그 건강선이 굵은 때는 건강에 주의할 것이다. 이러한 경우의 건강선은 도리어 아주 약하거나 사행(蛇行)하고 있다면 주의도(注意度)가 강하지 않아도 된다.

그림 e

재운선(財運線)을 보는 법

■ 똑똑하게 난조(亂調)없이 강하게 나와 있다. (그림 a)

재운선(財運線)이란 수성구에 나와 있는 세로선인데 똑똑하게 난조 없이 힘차게 새겨져 있으면 더욱 금전운이 가중된다고 본다. 또 보다 길고 몇 가닥이고 많이 나와 있는 편이 강한 금전운을 나타낸다. 다만 동시에 태양선, 금성구, 두뇌선을 참고로 살펴볼 필요가 있다.

그림 a

■ 사행(蛇行)하고 있다. (그림 b)

선이 사행하고 있거나 미약하거나 하면 아무리 길어도 불안정한 재운이라고 본다. 틀림없이 돈이 들어오기는 하지만 도무지 저축이 되지 않고 어느 사이 손아귀에서 빠져나가 버리는 것이다. 또 가령 저축을 할 수 있어도 곧 적자의 연속이 되어서 역시 도로아미타불이 될 것이다.

그림 b

◪ 가로선(橫線)이 있다. (그림 c)

돈의 회전이 수월하고 손쉽
게 저축 액도 증가하고 있는
것 같은데도 어느 시기에 갑자
기 그 운이 등을 돌려버리고
말 것이다. 마치 순풍에 돛단
배처럼 항해를 하다가도 불시
에 빙산(氷山) 등에 부딪히는
격이라 하겠다. 더욱이 이 가
로선이 강한 선일수록 변화를
일으키는 장해에 부딪히는 도
수가 강하다고 본다. 또 여러

재운선
횡선

그림 c

가닥의 가로선이 있는 경우라면 역시 장해에 부딪히는 도수
가 중첩되어 재운이 등을 돌리는 것을 의미한다.

재운선
기점
두뇌선

그림 d

◪ 두뇌선에 기점(起點)이 있다. (그림 d)

토성구의 하부 쪽에 와 있는
두뇌선에서 이 재운선이 출발
하고 있다면 길선(吉線)으로
본다. 이 경우 재수(財數)는 발
명이나 발견 등에 의해서 구축
하는 것이므로 그 방면에 대한
·자기의 재질을 배양해 두는 것

이 좋을 것이다.

또한 동시에 감정선이 목성구의 중앙까지 뻗쳐 있다면 넓은 의미에서 길운(吉運)이다.

■ 각문(角紋)이나 정자문(井子紋)이 있다. (그림 e)

그림 e

이러한 문형(紋形)은 가령 일반적인 금전운의 위기에 빠지는 일이 있을지라도 반드시 재기하게 됨을 의미한다. 즉 일종의 길운으로 보아도 좋다는 것이다. 그러나 재운선 자체가 사행(蛇行)하고 있는 경우는 비록 재기(再起)할 수 있을지라도 그렇게 힘차고 급격한 재기는 기대하기 어렵겠으며 재기 후 또한, 금전운의 위기에 부딪히기 쉬울 것이다.

■ 수성구와 태양구의 중간에 있다. (그림 f)

수성구와 태양구의 중간 부위에 재운선이 있으면 우연에 의하여 돈을 잡을 것으로 본다.

이를테면 뜻하지 않았던 유산을 받게 되거나 복권에 당첨되거나 거금을 습득했는데도 주인이 나타나지 않아서 큰돈을 손에 잡게 되는 경우이다.

한편 그밖에 재운선의 선단
이 갈라져 있거나 굽어 있으
면 산재(散財) 등 금전운의
난조(亂調)나 하강(下降)을
의미한다.

그림 f

야망선(野望線)을 보는 법

■ 몇 가닥이나 나와 있다. (그림 a)

그림 a

야망선이란 목성구의 위에서
인지(人指)를 향하여 상승하
고 있는 선이다. 이 야망선이
몇 가닥이고 나와 있는 경우는
상당한 야망가라고 본다.

다만 너무나도 야망의 범위가
넓은 탓으로 가슴에 품은 야망
이 결실을 볼 것 같지가 않다.
그럴지라도 그 여러 선 가운데
서 한두 가닥이 유달리 강하고

긴 경우는 야망을 어느 한 곳으로 초점을 모아 노력하면 성공할 가능성이 있다.

■ 횡단하는 선이 있다. (그림 b)

가로지르는 선

가령 성공할 가능성이 있는 야망선이 있을지라도 그것을 횡단하는 선은 야망을 좌절시키려고 하는 것이다. 이 횡선이 굵을수록 방해도는 높고 미약한 횡선이라면 일시적인 방해에 그칠 것으로 본다.

그림 b

반항선(反抗線)을 보는 법

■ 곧은 선이 두 가닥쯤 있다. (그림 a)

반항선이란 제2화선선이라고도 하며, 제2화성구에 횡선으로 나와 있는 것이다.

곧은 선이 두 가닥쯤 있는 경우는 다소의 반항심이 있다고 본다. 남성이라면 다소간 반항심이 없어서는 활기가 없고 믿음직스럽지 못하므로 이 경우는 길운(吉運)으로 본다.

한편 여성이라면 단단한 성미로 웬만한 남자를 능가하는 강한 면이 있는 형이다.

그림 a

■ 상향(上向)으로 되어 있다. (그림 b의 ㉮)

상당히 기질이 강한 것으로 본다. 그러나 이 선이 몇 가닥이고 나와 있다면 단순히 기질이 강하다는 정도를 넘어서 독선적인 성격이라고 하겠다. 기질이 강하다는 것은 어떤 경우에는 필요하겠지만 독선적인 경향으로 흘러 남의 말을 솔직하게 듣지 않게 되어 반항선의 나쁜 의미를 나타내고 있는 것이다.

■ 하향(下向)으로 되어 있다. (그림 b의 ㉯)

하향의 반항선이 몇 가닥이고 나와 있는 것은 어느 정도의 반항심을 가슴에 감추고 있겠지만 그것을 곧이곧대로 터뜨리지는 않는다. 반항심을 억누르고 만사에 무사주의로 통하거나 뒷전으로 돌리거나 한다.

그림 b

■ 유달리 긴 반항선 (그림 c)

반항심이 강하고 그것이 두뇌선까지 닿을 만큼 길다면 독선적인 성격을 나타낸다.

노(怒)하기 잘하고 비꼬기 잘하며 자주 달려들기 때문에 주위의 사람들과 조화를 이루어 나가기는 어려울 것이므로 남의 미움을 받는다. 또 두통이 자주 일어나기도 하고 그것이 남들과의 교제에 장해가 되기도 한다.

그림 c

여행선(旅行線)을 보는 법

■ 각문(角紋)이 붙어 있다. (그림 ㉮)

월구 하부의 타격선쪽(打擊線側·소지쪽=小指側)에서 중앙으로 향하는 선과 손목의 맨 윗선에서 상승하는 짧은 선이 여행선·항해선이라 일컬어진다. 여행을 떠나려 할 때 이 선을 보고 각문이 있다면 여행 중에 위기에 부딪히기는 하지만 결국 탈출하여 무사 귀가할 것으로 본다.

■ 월구 타격선 쪽에서 나와 손목선을 향하여 곡선을 그리고 있다. (그림 ㉯)

모처럼 여행을 떠났는데도 슬픔을 맛보거나 여행을 중단했더라면 하고 후회하기 쉬운 상(相)이다.

■ 선단에 십자문(十字紋)이나 곱(×)의 기호가 있다. (그림 ㉰)

여행의 목적을 뜻대로 수행하지 못했거나 실망하여 귀가하는 경향이 있다.

■ 섬이 있다. (그림 ㉣)

여행을 함으로써 충돌, 실패, 손해가 있겠다.

한편 여행선 이외에도 생명선, 두뇌선, 운명선 등도 여행운에 영향을 주게 된다.

손목선(線)을 보는 법

■ 난조(亂調) 없이 세 가닥이 나와 있다. (그림 a의 ㉮)

손목선은 주로 건강면을 보는 것인데 세 가닥의 손목선이 흐트러짐이 없는 경우는 건강하고 장수할 상(相)이라고 본다. 한편 난조가 있는 경우(그림 b의 ㉯)는 내장(內臟)과 생식의 각 기관에 약점이 있기 쉽다고 본다. 그리고 전혀 난조가 없는 네 가닥의 손목선이 나와 있는 경우는 대부호(大富豪)가 될 상이다.

◙ V자문이 있다. (그림 a의 ㉣)

길운(吉運)이다. 손목선 자체도 좋은 것이라면 만년(晩年)에 뜻하지 않은 재산을 손에 잡을 수 있다고 본다.

그림 a

◙ 제1손목선이 극단으로 상곡(上曲)하고 있다. (그림 b의 ㉰)

내장(內臟)과 생식의 기관에 약점이 발생하기 쉽고 여성은 임신 즈음하여 만전의 주의를 하여야 한다.

그림 b

직감선(直感線)을 보는 법

■ 직감선(直感線)이 있다.

수성구

월구

직감선은 수성구에서 월구에 걸쳐 반달형 또는 조금 휘어진 모양으로 나와 있는 것이다. 또 월구에만 휘어져 나와 있는 경우도 있다.

이 선은 남의 속마음을 직감으로 알거나 미래를 예지하는 등 예민한 감각을 지니고 있음을 의미한다.

자손선(子孫線)을 보는 법

■ 가늘고 몇 가닥이나 사행(蛇行)하고 있다. (그림 a)

결혼선에서 상승하는 가는 선
을 자녀선, 별칭(別稱) 호르몬선
이라 한다. 이 선이 많은 경우는
정력이 왕성함을 뜻한다. 자녀
선을 볼 때에는 감정선의 기점
에 있는 지선이나 소지(小指)의
길이, 금성구나 손목선의 상태
도 참고해야 한다.

그런데 일반적으로 자녀선의
폭이 넓은 경우에는 태어나는
아이는 사내아이이며 폭이 좁은

그림 a

경우에는 계집아이라 본다. 다만 이 판별은 익숙하지 않으면 혼동하기 쉽다. 그리고 이 자녀선이 강하게 깊이 새겨져 있다면 자녀운에 대하여는 길(吉)하다고 보지만 그림 a처럼 가늘게 몇 가닥이고 사행(蛇行)하고 있는 경우는 정력감퇴 시기라 본다. 이와 같은 시기에 이모저모로 무리를 해서 임신하는 데 성공할지라도 그 결과는 여의치 못할 것이다. 이를테면 임신기간 중이나 출산에 즈음하여 괴로움을 당하거나 고생해서 출산한 아기도 몸이 약하거나 할 것이다.

인간은 고령화하게 되면 당연히 정력은 감퇴하는 것이지만 만약 젊은 사람이 이와 같은 자녀선을 가졌다면 정력의 낭비를 삼가고 무엇보다도 먼저 체력을 회복시키도록 해야 할 것이다.

◼ 말미에 여러 가지 문양(紋樣)이 있다. (그림 b)

그림 b

자녀선의 말미에 ×문(紋)이 생겨 있거나(그림 b의 ㉮), Y형으로 되어 있거나(그림 b의 ㉯), 말미 그 자체가 교차하고 있는 경우는 자녀운이 나쁘다는 뜻이다. 이런 경우는 이를테면 알콜중독, 약물중독, 성병이 원인이 되어 태어난 자녀가 병약(病弱)하거나 어딘가에 결함이 있을 가능성이 있다.

■ 선단이 섬에서 멈추어 있다. (그림 c)

이러한 경우도 말미에 문양 (紋樣)이 있는 경우와 같이 자녀운이 나쁘다고 본다.

만약 출산이 임박한 여성에게 있어서 자녀선의 선단에 섬이 있고 더욱이 수성구의 색이 나쁠 때는 난산할 상(相)의 하나라 하겠다.

또 현재는 임신하고 있지 않은 여성에게 섬이 있다면 자궁에 장해가 있을 것이라고 생각되므로 조심해야 한다.

그림 c

음덕선(陰德線)을 보는 법

◼ 음덕선(陰德線)이 있다.

금성구의 하반부위(下半部位) 쯤에 세로선이 몇 가닥인가 나와 있는 것을 음덕선이라 한다. 이것은 숨어서 남을 위하여 힘을 다하는 것이 많을수록 많이 생겨나는 선이다. 또 젊은 사람인 경우는 어버이의 음덕(陰德)이 자손에게 나타나는 것이라 본다.

수상학(手相學)의 발생(發生)과 분류(分類)

수상학은 고대 인도에서 그 연구의 발단을 볼 수 있다고 하는데 인도의 「파라몬 교도」가 고대 인도의 유적인 석굴사원 안에 수납되어 있던 것이 발견되었던 것이다.

그것은 인간의 피부를 정교하게 계합(繼合)한 것에 기록된 3권의 수상서(手相書)이며 그 1편은 고대 인도문자로 쓰여 있어서 아직 해독되지를 못하였다.

이 인도의 수상학은 「알랙산더 대왕」에 의하여 서양으로 반출되어 연구되고, 한편 중국을 중심으로 한 동양에서도 연구되고 진전되어 왔었다.

그런데 수상학(手相學)은 어떻게 분류되어 있는가?
① 수형학(手型學), ② 지학(指學), ③ 조학(爪學),
④ 구학(丘學), 이상을 수형학(手型學)이라고 한다.
⑤ 문선학(紋線學)

이상의 수형학과 문선학의 두 가지를 합쳐서 연구 발전한 것이 현재의 「손의 비교 연구학」이라고 일컬어지고 있다.

⑥ 지문학(指紋學),   ⑦ 장중팔괘법(掌中八卦法)이 있는데 이것들은 모두 동양적인 것을 택취(擇取)한 독특한 것이다.

3

당신의 손금은?

성격을 점친다

자기 스스로는 단아한 줄 알고 있는데,
주위의 사람들은 수다스럽다고 보기도 한다.
그렇다면 정말 당신의 성격은 어느 쪽일까?
또한 친구들의 마음속을 엿보기로 하자.

성격(性格)을 점(占)치는 요령(要領)

◘ 손을 내미는 버릇을 본다.

무의식적으로 내민 손을 판단하는 것이다. 다섯 손가락 전부를 떼어서 내민 사람은 개방적이며 쾌활하고 호인이다. 싫증도 빠른 사람이다.

무지(拇指)만을 떼어서 내민 사람은 마음속에 줏대가 자리를 잡은 사람이다. 이지적(理智的)이지만 타협성이 빠져 있다. 인지(人指)를 떼어서 내민 사람은 협조성이 없고 독립심이 강한 사람이다. 이기주의에 빠지기 쉬운 위험성도 있다.

약지(藥指)를 떼어서 내민 사람은 외평(外評)은 좋으나 가정에서는 독선적이고 가족운을 타고나지 못한 형이다. 소지(小指)를 떼어서 내민 사람은 이재면(理財面)의 재능은 별로 없고, 언어 표현도 졸렬하여 상업에는 부적합하다.

다섯 손가락 전부를 붙여서 내민 사람은 깔끔한 성격으로 주의 깊고 다소 신경질인 면이 있다. 또 손 전체를 움츠려서 내민 사람은 주의 깊고 소심한 면도 있지만 계산이 밝고 야무진 사람이다.

■ 장구(掌丘)를 본다.

전부의 장구를 비교하고 그 중에서 가장 풍성하고 장도(張度)가 유별나게 다른 장구의 의미가 그 사람의 성격을 나타낸다.

■ 문선(紋線)을 본다.

두뇌선이 뚜렷하고 길게 생겨 있으면 이지파(理智派)이며, 감정선이 강하고 길게 뻗쳐 있으면 감정파라 본다. 또한 어느 곳이건 곡선이 그려진 상태를 보고, 양쪽의 선이 다 미려(美麗)한 곡선을 그리고 있다면 기교선, 난조가 있다면 요령이 나쁜 형이다. 또한 이 곡선은 무지(拇指)로도 볼 수 있다. 즉 무지가 현저하게 뒤로 젖혀져 있다면 그만큼 세파(世波)를 헤치고 나아가는 것이 능란하다.

사교(社交)가 능숙(能熟)한 형의 상(相)

곧고 길다

깨끗하게 커브를 그리고 있다

그 중간에 그린다 커브를

짧다

짧다

표준인 길이지만 커브로 지선도 없다

아래쪽에서 두뇌선이 나 있다

소극적인 생각의 상

■ 무지(拇指)가 힘껏 뒤로 젖혀진 사람은 원만하게 타인관계를 이룩해 나가는 사람이다. 누구라도 잘 사귀어 나갈 것이다.

■ 감정선, 두뇌선이 다 같이 미려(美麗)한 곡선을 그리고 있는 사람도 사교가 능숙한 사람이다. 유달리 두뇌선이 극단적으로 위쪽이나 아래쪽으로 향하지 않고 알맞게 그 중간에 곡선을 그리고 있다면 상당한 사교가이다.

■ 상대의 속을 꿰뚫어 보는 것이 능숙한 사람은 당연히 타인과의 접촉도 능숙하지만 약지(藥指)가 곧고 긴 사람은 독심술(讀心術)에 탁월하다.

신경질(神經質)적인 형의 상(相)

■ 손이 전체적으로 가늘고 손가락과 손가락 사이의 틈새가 많은 사람은 걸핏하면 고독에 빠지기 쉬운 신경질형이라 본다.

■ 감정선이 길고 월구(月丘)가 야무지고 힘차게 되어 있으면 남의 걱정을 하는 일이 드물고, 자기의 감정으로 매사를 처리해 나가기 쉬운 성격을 나타낸다. 이런 사람은 곤잘 타인에게 까닭 없이 달려들거나 성을 내게 되는 형이므로 주의가 필요하다.

■ 비관선(두뇌선의 선단부 아래쪽에 생겨 있는 선)이 있는 사람

각 손가락의 틈새가 크다

감정선이 길다

비관선

태양구에 탄력이 있다

목성구에 탄력이 있다

커브가 부드럽다

낙관성

대범한 상

은 무슨 일에나 꼼꼼히 파고들어 생각하는 성향(性向)으로 혼자 고민하는 형이다.

굽어 있거나 가늘다

움푹하다

태양선이 감정선 부근에서 잘려 있다

생명선과 두뇌선의 기점이 같다

금성구가 비만(肥滿)하다

태양선이 곧바로 뻗쳐 있다

태양구 수성구가 발달되어 있다

친절한 상

■ 약지가 짧거나, 점이나 흠이 있거나, 굽어 있는 사람은 사교성이 졸렬한 데다가 성격이 비뚤어지기도 한다. 그밖에 이와 같은 수상인 사람에게는 손버릇이 나쁜 사람도 간혹 있기도 하다.

■ 태양선(태양구를 향하고 있는 선)이 감정선의 부근에서 잘려 있거나, 비뚤어지거나 사행(蛇行)하고 있는 사람도 역시 사교적인 면에서의 결함이 있겠고 타인과의 다툼을 일으키기 쉽다고 본다. 더욱이 사소한 일을 깊이 새겨놓고 잊지 않는 형이다.

🤚 고집쟁이의 상(相)

◘ 무지(拇指)가 굵고 굽어 있지 않고 유달리 무복(拇腹)이 남짓하고 야무지고 힘차면 자기 주장이 강하고 타인의 설득에는 좀처럼 귀를 기울이지 않는다. 요컨대 완고하다.

◘ 두뇌선과 감정선이 굵고 완만하게 곡선을 그리고 있는 사람은 타인과의 협조성이 없다고 본다. 게다가 태양선이 없는 듯하면 대단한 고집쟁이라 본다.

◘ 제1화성구가 발달하고 있는 상(相)은 자존심이 강하고 소심하면서도 곧잘 성을 내기 쉬운 형으로 본다.

반항선이 상승(上昇)해 있다

감정선이 굵직하며 곧다

제1화성구가 발달되어 있다

두뇌선이 굵다

태양선이 두 세 가닥 있다

제1화성구에 탄력이 없다

반항선이 하강(下降)하고 있다

유순한 상

성격을 점치는 요령 209

부추김에 잘 타기 쉬운 상(相)

부추김에 타기 쉬운 상

□ 두뇌선보다 감정선이 길게 곡선을 그리고 있는 사람은 정에 얽매이기 쉬운 형이다. 게다가 감정선에서 나와 있는 지선이 하강하여 두뇌선과 결부되어 있다면 곧잘 타인을 동정하거나, 타인의 문제에 열중하기 쉬운 성격이라 본다.

□ 약지(藥指)가 짧은 사람은 인내력이 부족할 뿐만 아니라 남의 입방아에 오르기 쉬운 형이므로 때로는 큰 손해를 입게 된다.

□ 태양구가 지나치게 남짓하면 씀씀이가 심하고 침착성이 부족하며, 게다가 명예나 매명(賣名)을 동경하기 때문에 타인의 부추김을 받기 쉽다.

■ 두뇌선의 기점이 생명선에서 떨어져 있는 상(相)의 소유자는 배짱이 있고 마음이 넓은 인물로 봐도 좋다. 말하자면 두목형, 여걸풍(女傑風)의 형(型)이라고 하겠다.

■ 태양선이 굵은 데다가 두뇌선에서 나와 있다면 사교의 도(度)가 좋은 상(相)이다. 게다가 그 감도(感度)를 살려서 성공할 것이다.

■ 인지(人指)가 굵은 사람은 지배력이 남달리 뛰어나다고 본다. 게다가 태양구에서 수성구에 걸쳐 남짓하다

응석부리는 상

면 사교성의 풍부함을 의미함으로 틀림없는 두목형이라 판단한다.

제2화성구가 발달해 있지 않다

제1화성구가 발달해 있지 않다

의지선

금성구가 발달해 있지 않다

두뇌선이 길게 상승하고 있다

야망선이 있다

제1화성구에 탄력이 있다

운명선이 강하게 나와 있다

제2화성구에 탄력이 있다

자립심이 강한 상

□ 두뇌선이 하강하고 있을 뿐만 아니라 생명선의 안쪽에 의뢰선이 나와 있다면 그 사람은 타인에 의지하기 쉬운 성향(性向)이 강하다고 본다. 즉 자주성이 없다.

□ 금성구가 풍부하지 못한 사람은 건강면에서 약점이 있음을 나타내는 데다가 정력면에서도 불안함으로 수시로 타인의 힘을 빌리고 싶어한다.

□ 제1화성구가 발달하고 있지 않은 사람의 경우는 투쟁심이 박약하고 실행력도 구비하지 못한 데서 누구에게 곧 의뢰, 구조를 구하고자 하는 마음이 작용한다고 보아도 좋을 것이다.

👌 아이디어맨의 상(相)

■ 약지(藥指)가 굵고 길면, 미적 감각이 뛰어나고 예술방면의 재능을 나타낸다고 보지만, 동시에 그것은 독창적인 착상이라 하겠다. 이와 같은 사람의 경우에는 예술 이외에도 여러 가지 아이디어를 낼 것이다.

■ 태양구가 남짓하고 야무지며 힘찬 태양선이 두뇌선에서 나와 있는 상(相)은 두뇌의 회전이 빠르고 감도(感度)의 예민함도 남다르다 하겠다. 또한 기회를 포착하는 데도 민첩한 상이기도 하다.

■ 목성구가 남짓하

독창성이 결핍된 상

고 야무지며 힘찬 사람은 항상 전진적 지향성(志向性)으로 사무를 처리해 나간다.

애정운을 점친다

사람은 누구나 사랑을 소중하게 하려 한다.
그러나 그 표현 방법은 사람마다 상이(相異)하고,
그 결과도 천차만별이다.
그러면 당신의 사랑은 어떻게 시작하고
어떤 결과로 매듭짓게 될 것인가?

애정운(愛情運)을 점(占)치는 요령(要領)

▣ 손가락을 펼쳐 내는 법과 손가락의 곡선을 본다.

의식적이 아니라 아무런 생각 없이 손을 내민 상태의 손가락이 어떤 것인가가 애정운을 암시한다. 약지(藥指)가 중지(中指)에 밀착하고 있는 한편, 인지(人指)와 중지의 사이가 어디에든 일부분일지라도 밀착되어 있지 않은 경우, 이 두 경우는 득연(得戀), 실연(失戀), 비련(悲戀) 등 결말의 사례는 여러 가지이지만 반드시 사랑을 하고야 말 것이라고 본다.

▣ 장구(掌丘)를 본다.

장구의 부푼 정도가 사랑을 말해주고 있다. 금성구와 월구의 살이 같은 정도의 높이인 부푼 상태를 지니고 있는 사람은 꿈과 현실의 균형이 잘 잡혀 있어서 찾게 될 사랑도 멋진 것이 틀림없다.

왜냐하면 금성구는 본능적인 사랑을, 월구는 정신적인 사랑을 각기 보는 장구(掌丘)이므로, 그 양쪽의 균형이 잘 잡혀 있다는 것은 육체와 정신이 합치한 사랑을 찾는 것임을 뜻한다. 즉 육욕(肉慾)에 빠질 만한 사랑일지라도 과분수 사랑이 아닌 진정한 사랑을 바라는 것을 알 수 있다.

◘ 문선(紋線)을 본다.

감정선, 금성대, 두뇌선, 세 선의 상태는 사랑을 볼 때에는 대단히 중요하다. 더욱이 감정선은 별명을 심정선, 애정선이라고도 하는 선이다. 이 세 선은 기본적으로 말해서 똑똑하고 미려하게 나와 있어서, 잘린 홈이나 난조가 없는 것이 길운(吉運)이라고 본다.

세 가닥 정도의 지선이 상승하고 있다

인지와 중지의 사이까지 뻗쳐 있다

지선이 상승하고 있다

감정선이 곧고 지선이 많다

금성구가 좁다

두뇌선이 갑자기 하강(下降)하고 있다

실연하기 쉬운 상

■ 감정선이 목성구와 토성구의 중간쯤에까지 뻗쳐 있고 그 선단이 상향(上向)으로 되어 있는 지선(枝線)이 인지(人指)와 중지(中指)의 중간쯤까지 뻗쳐 있다면 평화로운 애정생활을 보낼 수 있다. 또 그 지선이 세 가닥쯤 나와 있고 그것들이 제각기 상승 곡선을 그리고 있는 것 같으면 그 사람은 다소 팔방미인격인 성격을 지니고 있으며, 좋은 연인을 얻을 수 있다.

■ 두뇌선의 선단이 갈려 있고, 가운데의 한 가닥이 상승하고 있다면 꿈과 현실의 균형이 잡힌 행복한 사랑을 얻을 수 있을 것이다.

연애결혼(戀愛結婚)을 하기 쉬운 상(相)

▣ 약지(藥指)가 중지(中指)쪽으로 부드럽게 곡선을 그리며 그 기절(基節)이 다른 손가락의 각절(各節)보다 굵고 살집이 좋다면 연애에서 결혼으로 진전되는 상(相)이라 하겠다. 미적 감각을 의미하는 손가락인 약지가 중지에 의지하듯이 휘어져 있고 애정을 나타내는 기절(基節)의 풍부함이 사랑의 아름다움의 강도를 나타내고 있다.

▣ 태양구(예술·정신)와 수성구(연구·사교)가 풍부하면 교제술이 능숙하여 타인의 호감을 사게 되므로 원만

연애결혼에 적합하지 못한 상

하게 연애에서 결혼으로 골인하는 사례가 많을 것이다.

맞선결혼으로 행복(幸福)을 잡는 상(相)

약지의 기절쪽이 인지의 기절보다 가늘다

중지 쪽으로 휘어져 있다

틈새가 벌어져 있다

섬이 있다

크게 부풀어 있다

두뇌선이 두갈래로 되어 있다

반항선이 있다

맞선결혼에 적합하지 못한 상

■ 인지가 중지 쪽으로 완만하게 휘어지듯 의지하고 있는 것 같거나, 약지와 중지의 사이에 틈이 있거나 떨어져 있는 사람의 경우는, 맞선으로 좋은 반려(伴侶)를 얻을 수 있을 것이다. 또 인지와 약지의 기절(基節)을 비교했을 때 약지 쪽이 모양에 관계없이 가느다란 경우는 그 사람에게 적극적인 사교성이 없다고 보게 되므로 맞선에 의한 결혼이 길(吉)하다고 본다.

■ 양쪽 장구(掌丘)의 부풀어 오른 정도가 비슷하고 금성구만이 다른 장구보다 다소 높은 사람도 맞선결혼으로 좋은 반려를 얻게 된다고 본다.

다정다감(多情多感)한 상(相)

■ 감정선이 길게 뻗쳐 인지의 밑쪽인 목성구의 위쪽 부근까지 와 있고 두뇌선의 기점(起點)이 중지에서 선을 그어서 생명선과 부딪치는 경우에는 정열적이며 다정다감한 마음을 나타낸다.

■ 두뇌선의 선단이 두 가닥 또는 세 가닥으로 되어 있고, 금성대(金星帶)가 뚜렷하게 궁상(弓狀)을 이루면서 잘린 곳이 없으면 대단한 정열가이다.

■ 결혼선이 한 가닥만 강하고 길게 나와 있는 경우도 그 사람은 대단한 격정형(激情型)

금성대가 뚜렷하다

결혼선이 뚜렷하고 길다

두뇌선이 갈라져 있다

감정선이 길다

중지의 아래에서 나와 있다

길다

두뇌선에 두가닥으로 되어 상승(上昇)선이 있다

선이 있다

냉정하게 이성(異性)과 사귀는 상

일 것이며 정에 얽매이기 쉬운 형이라 할 수 있다.

사랑에 냉담(冷淡)하고 둔감(鈍感)한 상(相)

짧다

감정선에 커브가 없이 뻗쳐있다

감정선이 극단적으로 짧다

두뇌선에 커브가 없다

휘어져 있다

제2화성구에 탄력이 없다

짧다

비관선이 있다

타인의 기분만 앞세워주는 상

■ 감정선이 극단적으로 짧은 상(相)은 박정하고 자기 욕심만을 부리는 형으로써 남의 사정을 모르는 결점이 있다.

■ 금성대(金星帶)가 없는 사람은 감수성이 둔하여 아름답고 가냘픈 사랑의 멜로디를 연주하기에는 적당하지 못한 형이다.

■ 감정선이 길고 더욱이 미려(美麗)하게 뻗쳐 있을지라도 커브가 전혀 없거나 지선(枝線)이 보이지 않는 경우에는 사랑에 대하여 냉담한 것으로 본다. 지선은 이성(異性)에 대한 인상을 나타내는 것이므로 그것이 없다면 애정도 없다고 볼 수밖에 없다.

한눈에 반하기 쉬운 상(相)

◘ 금성대는 별명 부감정선(副感情線)이나 부애정선이라고 일컬어지고 있으나 이것이 선명한 모양으로 새겨져 있는 사람은 사랑의 멜로디를 재빠르게 감득(感得)하는 사람이다.

◘ 감정선에서 몇 가닥이나 하강하고 있는 지선은 이성(異性)을 나타내는 것이므로 이것이 많을수록 그만큼 많은 사랑을 겪게 된다. 또한 많은 실연을 하게 될 것이다. 감정선이 토막으로 잘려 있고 여기에서 하강하고 있는 지선이 있다면 불순한 애정을 나타내고 한눈에 반할지라도 마음속으로부터의 사랑을 간직할 수 없는 상(相)이다.

금성대가 뚜렷하게 나와 있다

감정선에 지선이 많다

앞으로 굽어 있다

두뇌선이 길다

감정선에 커브가 없다

이성에 웬만해서는 마음을 열지 않는 상

조혼(早婚)의 상(相)

만혼(晚婚)의 상

■ 수성구에 나와 있는 가로선이 결혼선인데, 이 선이 몇 가닥인가 있는 경우는 그 중에서 가장 길고 강하게 나와 있는 선을 주로 관찰한다. 이 결혼선이 감정선에 가까우면 가까울수록 결혼이 빠른 것이다.

■ 결혼선이 몇 가닥이나 있다고 할지라도 그것들이 모두 희미하고 뚜렷하지 않은 경우나, 그 결혼선 위에 가느다란 세로(縱) 선이 나와 있는 경우는 결혼이 늦다고 본다. 결혼선은 일반적으로 짧을지라도 뚜렷하게 부각되어 있는 것을 길(吉)하다고 본다.

연하(年下)의 남성(男性)과 결혼(結婚)할 상(相)

■ 금성구와 비교하여 월구(月丘)가 풍부하면 그 여성은 모성(母性)을 발휘하는 형이므로 연하(年下)의 남성과의 상성(相性)은 길운(吉運)이다. 또 연하의 남성과의 생활에서는 어느 정도 상대의 독선(獨善)을 참고 견딜 수 있어야 하겠는데 제2화성구가 발달되어 있으면 연상(年上)의 아내로서도 적격(適格)이다.

■ 결혼선이 몇 가닥이나 되고, 그 중에 가장 긴 선을 중심으로 하여 그것보다 아래에 짧은 선이 두 세 가닥 있다면 연하의 인연을 맺을 상(相)이다.

결혼선이 몇 가닥이 있다

제2화성구 월구가 발달해 있다

제1화성구에 탄력이 있다

금성구가 굵다

두뇌선이 뒤로 굽어 있다

10살 이상 연상의 남성과 결혼할 상

금성대가 잘려 있거나
섬이 있거나 한다

감정선이 갑자기 하강(下降)하고 있다

두뇌선이 생명선과
평행으로 뻗어 있다

각 손가락의
가운데가 길다

두뇌선이 곧고 길다

**이지적으로 애정을
받아들이는 상**

■ 감정선의 선단이 갈라져 있고 그 중 한 가닥이 중지의 아래쪽에서 갑자기 하강하고 있는 상은 애정의 문제로 무리를 하거나 운세의 흐름을 바꾸기 쉬운 것으로 본다. 즉 냉정하고 침착하게 이지적으로 애정을 조절하기 어렵다고 본다.

■ 생명선과 평행(平行)하는 모양으로 길게 하강하고 있는 두뇌선의 소유자는 실현 불가능한 꿈이나 덧없는 희망에 얽매이기 쉽다.

■ 금성대가 토막이거나 도중에 섬이 있는 선은 무엇보다도 애정에 지배되기 쉬운 행동이 많은 것임을 뜻하는 것이다.

꽃가마를 탈 상(相)

■ 결혼선이 길게 뻗쳐 있고 태양선에 접하게 될 상(相)의 소유자라면 애정은 말할 것도 없고 지위나 명성, 재산도 있는 상대의 마음을 사로잡고 말 것이다. 즉 꽃가마를 타고 귀인이나 부자에게 시집가서 갑자기 훌륭한 안방마님이 될 바랄 나위 없는 결혼을 하게 될 것이다. 다만 이 결혼선이 곧바로 태양선에 접하고 있다면 좋은데, 하강(下降)으로 가로지르는 상(相)인 경우는 전혀 반대일 것이다. 즉 결혼으로 말미암아 지금까지의 재산, 지위 등을 잃고 마는 흉운(凶運)을 뜻하는 것이므로 상대를 잘 골라야 할 것이다.

결혼선이 태양선과 접하고 있다

성문(星紋)이 있다

결혼선이 감정선과 밑으로 접하고 있다

평범한 상대와 결혼을 하는 상

목성구 제1화성구에 탄력이 있다

두뇌선 감정선이 대칭(對稱)으로 되어 있다

결혼선이 한가닥 곧게 나 있다

제2화성구에 탄력이 있다

질투심(嫉妬心)이 강(強)한 상(相)

감정선이 목성구를 가로지르고 있다

결혼선이 길다

목성구의 위쪽에서 나와 있고 끝이 갈라져 있다

목성구에 탄력이 있다

금성구가 크다

화성평원이 넓다

마음이 넓은 상

■ 감정선이 길게 뻗쳐서 목성구를 가로지를 만한 상(相)은 정열가임을 나타내는 것인데, 횡단하고서도 더 길게 뻗쳐 있는 경우는 질투심이 강하다고 본다. 독점욕이 강하고 자기의 애정만을 생각하여 상대를 그릇되게 추측하는 성향(性向)이다.

■ 두뇌선이 생명선과 떨어져 있고 목성구의 위쪽에서 나와 있는 그 끝 쪽이 두세 가닥으로 갈라져 있는 사람은 독선적인 데다가 「히스테리」의 소유자이다.

■ 감정선이 두 가닥 있는 것처럼 보일 만큼 긴 결혼선은 상당히 중증(重症)인 질투심의 소유자라 본다.

◻ 결혼선에서 하강(下降)하는 지선이 나와 있을 때는 배우자가 병약(病弱)하고 고생하고 있는 현상이라고 본다.

◻ 결혼선이 약지(藥指)와 새끼손가락 사이에서 하강하여 감정선에 접하고 있거나 혹은 감정선의 아래 선인 건강선에까지 이어져 있을 때는 부부생활의 적(赤)신호를 의미한다. 때로는 사별(死別)까지도 예측되는 비운(非運)을 뜻한다.

◻ 결혼선의 선단이 두 가닥으로 갈라져서 그 각도가 넓으면 배우자가 원인이 되

부부 안태(安泰)의 상

는 문제로 애정에 금이 생긴다고 본다.

바람기, 불순이성(不純異性) 교유(交遊)의 상(相)

수성구가 발달해 있다

결혼선이 두가닥 나와 있다

결혼선이 몇가닥 사행(蛇行)하고 있다

제1화성구에 탄력이 없다

태양선·결혼선이 같은 정도의 길이

제2화성구가 발달해 있다

정숙(貞淑)한 상

□ 수성구가 풍부하게 발달되어 있고 결혼선 몇 가닥이 사행(蛇行)하고 있는 상(相)은 이성관계가 상당히 난잡한 것으로 본다. 게다가 감정선에 가느다란 하강선이 있고 감정선 자체가 짧다면 이성과의 불순한 정사(情事), 이를 테면 유부남이라면 바람기가 많은 것을 나타낸다.

□ 결혼선이 두 개 있고, 그것이 갖추어 나와 있으면 애정을 나타내며 그 어느 쪽의 애정도 파탄되기 쉬운 것으로 본다. 즉 바람기로 인하여 결국은 양쪽 애정마저 다 잃게 될 것이다.

섹스에 강한 상(相), 탐닉(耽溺)할 상(相)

■ 금성구의 면적은 넓고 높게 솟구쳐 오를수록 성적본능이 강하고 정력적인 사람이라고 본다. 따라서 당연히 Sex를 마음껏 향락할 수 있는 사람이다. 한편 여성의 골반의 근육은 금성구의 솟구쳐 오른 상태와 비례된다고 보는 것이므로 탄력이 있는 「힙」의 여성은 금성구도 풍부할 것이다.

■ 감정선의 말단이 토성구의 저변(底邊)을 향하여 뻗쳐 있는 경우는 엽색상(獵色相)이라 일컬어지며, Sex를 대단히 호락(好樂)한다고 본다. 이와 같은 사람은 매일 이

섹스에 약한 상

성과의 교접(交接)이 없으면 불만을 느낄 정도라 하겠다.

직업운을 점친다

이제부터 일자리를 찾으려는 사람,
현재의 직업이 아무래도 자기에게
맞지 않는 것이 아닌가 하고 생각하는 사람,
이런 사람들은 수상을 보게 됨으로써
뜻하지 않았던 진로를 찾게 될 수도 있을 것이다.

직업운(職業運)을 점(占)치는 요령(要領)

■ 무지(拇指)를 본다.

무지(拇指)는 그 사람의 의지력이나 이성(異性), 표면상에 나타나는 인격 등을 볼 수 있으므로 직업과 결부시킬 수 있는 것이다. 이를테면 무지가 길고 생김새가 야무지며 힘차서 모양이 좋으면 상사(上司)의 각별한 돌봄을 받게 될 것이라고 본다. 그러므로 상사의 눈길과 자주 마주치게 될 일자리를 잡는 것이 바람직하겠다.

■ 장구(掌丘)를 본다.

목성구와 태양구가 비슷한 높이로 야무지며 힘찬 경우는 직업운으로써 길운(吉運)이라 한다. 또 목성구에 입구 자(口)의 각문(角紋)이 없다면 차츰 신용이나 명예가 따르게 될 것이다. 한편 태양구에 섬문(島紋=P)이 있는 상은 노력해도 인정을 받기 힘들 것이며, 더욱이 화성평원이 움푹 파져 있으면 더욱 그러하다.

◪ 문선(紋線)을 본다.

두뇌선의 「커브」 장단 지선(枝線)은 직업운에 영향이 있다고 본다. 이를테면 완만하게 커브를 그리면서 선단이 갈라져 있다면 길운(吉運)이다.

감정선으로는 직장에서의 협조정신의 유무를 살필 수 있고, 선단에 지선(枝線)이 상향으로 생겨 있으면 타인과의 화(和)를 이룰 수 있다고 본다. 생명선이나 부생명선의 상태로는 임무에의 노력도(努力度), 정력의 발휘성 여부가 나타난다. 또 운명선으로는 운명의 발달이나 강약을 보게 되는데 직장에서의 그 사람의 운세(運勢)를 파악할 수 있다.

그밖에 태양선으로는 사교성을 보게 되므로 사교성을 필요로 하는 직업을 택할 경우에는 꼭 살펴보지 않으면 안 될 상(相)이다.

두뇌선이 생명선의 도중에서 나와서 하강(下降)

약간 짧다

운명선이 토성구에 강하게 나와 있다

각 손가락 끝이 가늘다

부풀어 있다

두뇌선이 짧다

감정선이 쇠사슬형

반항선이 길다

봉급생활자로 결코
적합하지 못한 상

■ 다섯 손가락 모두 길지 않고 약지와 소지가 표준보다 조금 짧은 사람은 화려함을 즐기지 않는 상식가로서 항상 화합하고 원만함을 좋아하는 사람이다. 즉, 집단생활에 융합되기 쉬운 성향이므로 회사원이 적격이다.

■ 두뇌선이 생명선의 도중에 나와 커브를 그리면서 하강하고 감정선은 토성구와 목성구의 중간까지 뻗어 있어 선단이 갈라져 있다면 두뇌가 명석하고 신중파이며, 게다가 사교성, 협조성이 풍부하다고 본다.

■ 운명선이 토성구에 강하게 부각되어 있다면 차근차근한 형으로 만년운이 길함을 나타낸다.

예술가(藝術家) 타입의 상(相)

◘ 약지가 길고 남짓하게 발달되어 있고, 다른 손가락도 표준보다 긴 편이면서 손가락 끝이 가늘어진 모양이라면 마음의 꿈이나 아름다움을 문자나 색채로 표현하는 데 뛰어나다고 본다.

◘ 두뇌선이 깨끗한 커브를 그리면서 월구까지 뻗쳐 있고, 운명선이 두뇌선에서 출발하고 있다면 길운(吉運)이다.

◘ 태양구가 풍부하고 깨끗한 태양선이 있고, 게다가 이 구(丘)에 성문(星紋=＊)이나 반지모양(○)이 나와 있을 때는 예술계에서 빛나는 성공을 약속 받고 있다고 하겠다.

태양선이 있고 성문(星紋)고리가 있다

각 손가락이 길고 가늘다

태양구에 부풀음이 없다

감정선에 커브 지선이 없다

각 손가락이 굵직하고 짧다

두뇌선이 상승

**예술가로는 결코
적당하지 못한 상**

예능계(藝能界)에서 성공(成功)하는 상(相)

각 손가락 끝이
둥글고 굵다

긴편이 **좋다**

태양선이 생명선
에서 상승(上昇)

(聲優)로서 대성(大成)

선이 나와 있으면 성우

운명선이
월구에서 상승

각 손가락
짧고 끝이 굵다

운명선이
몇 가닥 있다

두뇌선이 짧고 상승

감정선이 가늘고 짧다

**예능계에는 결코
적당하지 못한 상**

■ 전체 손가락 끝이 둥글거나 조금 가늘어져 있고 유달리 약지가 긴 경우는 섬세한 미적 감각이 발달하고 있다고 본다. 예능계에 진출할 사람에게는 없어서는 안 될 조건이다.

■ 월구에서 상승하는 운명선도 예능인에게 있을수록 좋은 선이다. 이 선이 있다면 이끌어 주는 힘이 있음을 의미하는 것이다. 또 생명선에서 상승하는 태양선은 노력과 재능면에서 길(吉)하다.

■ 금성대가 토막이면 대단한 정열가로서 감정의 표현이 풍부하다. 이것도 예능인에게 있어서는 크게 도움이 된다.

238 운명을 바꾸는 손금

학자(學者)나 교육자(敎育者)에 맞는 상(相)

■ 두뇌선의 기점이 생명선의 도중이거나 혹은 같은 것이라면 이 직업에 알맞다. 더욱이 두뇌선이 지나치게 상승하거나 지나치게 하강하지 않고 손바닥의 중앙에 뚜렷하게 새겨져 있다면 이상과 현실의 균형이 잡혀 있는 증거이므로, 끈기 있게 정진하면 크게 성공할 것이다.

■ 감정선이 완만하게 커브를 그리며 목성구와 토성구의 중간까지 뻗어 있다면, 정열과 애정을 가지고 남을 지도할 것이다.

■ 운명선, 태양선이 난조 없이 나와 있고 생명선에서 조그마한 상승선(노력선)이 많이 있으면 길운(吉運)이다.

교육자로는 결코
적당하지 못한 상

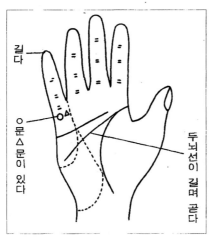

길다

ㅇ문△문이 있다

두뇌선이 길며 곧다

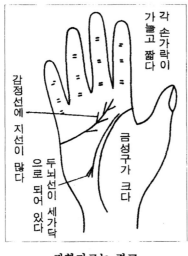

각 손가락이

가늘고 짧다

감정선에 지선이 많다

두뇌선이 세가닥으로 되어 있다

금성구가 크다

과학자로는 결코 맞지 않는 상

□ 두뇌선이 길고 그 기점이 생명선에서 나와서 곧게 제2화성구나 월구(月丘) 윗부분의 부근을 향하고 있으면 정확한 판단과 이지(理智)에 의하여 미지(未知)의 사항을 해명하기 위하여 노력하므로 과학자에 알맞다.

□ 소지가 표준보다 길고, 휘어져 있지 않는 경우로 가운데 마디가 길고 풍부하면 연구심과 이지성(理智性)이 강하게 발휘된다. 또 소지의 끝마디에서 가운데마디, 밑마디(基節)에 걸쳐서 직선이 나와 있을 때는 과학적 발견을 할 것이다.

□ 수성구의 ○문(紋), △문은 연구가 완성, 성공함을 나타내는 길문(吉紋)이다.

▫ 두뇌선의 끝이 곡선을 그리면서 상승하고 있거나 그 끝이 두 가닥으로 나뉘어서 그 한 가닥이 수성구를 향하여 위로 곡선을 그린 듯 굽어 있는 사람은 놀랄 만큼 장사가 능숙하다.

▫ 감정선이 곡선을 그리고 있으면 대인관계가 온화함을 나타낸다. 또 감정선의 끝이 세 가닥쯤으로 나뉘어져 있다면 누구에게나 비위를 잘 맞추는 형이므로 상거래도 원만하게 이루어질 것이다.

▫ 제2화성구가 알맞게 발달되어 있는 사

장사로는 결코 맞지 않는 상

람은 인내심이 강함을 나타낸다. 부지런하고 끈기 있게 전진할 것이므로 장사에 있어서 길하다.

토성구가 발달해 있다

야심선이 나와 있다

감정선은 커브가 없고 토성구에 도달하고 있다

길고 굵직하다

두뇌선과 감정선이 비슷한 길이

두뇌선의 기점이 약간 아래에 있다

살집이 좋다

노력선

제자리에서 성공하는 상

■ 무지가 길고 굵으며 야무진 경우는 고난을 극복할 수 있는 강인함을 나타내며, 게다가 성문(星紋=※)이 있다면 억척같은 의지로 꿈을 성취하고야 말 것이므로, 이러한 상이 있다면 해외로 비약하더라도 성공할 것이다.

■ 감정선의 곡선이 적고 그 길이가 토성구 부근에서 멈출 만큼 짧으면 일시적 감정에 흐르는 경향이 별로 없고 미지(未知)의 땅에서도 잘 적응하게 될 것이다.

■ 목성구가 풍부하고 야심선이 뚜렷하면 행동력이 넘치고 있음을 의미한다.

■ 몸집에 비교하여 손이 작은 사람 쪽이 큰 사업에 도전하게 되는 것이다. 다만 일국일성(一國一城)의 주인이 되려면 확고한 지배력이 필요하지만 그것은 목성구가 야무지고 힘차야 한다.

■ 두뇌선의 기점이 생명선과 같고 2중 두뇌선이 그 위로 약간 떨어져 있으며 그 끝단이 상승하고 있으면 길운(吉運)이다.

■ 무지(拇指)가 굵고 길며 더욱이 그림처럼 두 가닥의 선이 있다면 금운(金運), 지배운이 강한 상(相)

목성구가 발달해 있다

두 가닥의 선이 나와 있다

2중 두뇌선으로서 위쪽으로 상승(上昇)하고 있다

가늘고 길다

운명선이 짧고 뚜렷하다

반환선이 하강(下降)하고 있다

보좌관으로 성공하는 상

의 하나이다. 이와 같은 사람의 경우도 독립하여 사업을 영위하면 좋을 것이다.

물장사로 성공(成功)하는 상(相)

길다

제2화성구가 발달해 있다

금성대가 토막토막

태양선이 제2화성구에서 상승

태양선과 운명선이 비슷한 길이

각 손가락이 둥글다

제1 제2화성구가 발달해 있다

상승선이 있다

건실한 상업으로 성공하는 상

□ 수성구가 풍부하다는 것은 말솜씨, 손재주로 사람들을 끌어당기는 매력이 있고 장사를 잘할 수 있음을 나타낸다. 다방·요식업 같은 접객업으로 성공하는 데는 다시없이 좋은 상이다.

□ 소지(小指)가 길어야 하는 것도 중요한 조건으로써 기회를 잡는 데 재빠르고 잡은 기회를 멋지게 활용할 수 있을 것이다.

□ 제2화성구에서 상승하는 태양선이 있다면 소자본으로도 노력하면 성공할 수 있다. 또 금성대가 토막으로 잘려 있으면 애교가 있다는 상이다. 이것도 또한 물장사에 있어서 득이 되는 상이다.

전직(轉職)을 자주 하는 상(相)

■ 제2화성구는 인내력을 보는 곳인데 여기가 움푹 들어가 있는 사람은 무슨 일이나 불완전하고 싫증을 내기 쉬운 성격이다. 즉, 직업도 자주 바꾸기 쉽다고 할 수 있다.

태양선이 많다

제2화성구가 움푹하다

운명선이 토막토막

■ 운명선에서 보면 한 가닥의 뚜렷한 근육의 섬유가 없고 토막으로 되어 있는 사람이 역시 전직하기 쉽다고 본다. 이것은 자기의 인생에 대하여 깔끔하게 정돈된 생각을 지니고 있지 않은 증거이기 때문이다.

■ 태양선이 몇 가닥 나와 있거나 사행(蛇行)하고 있으면 대인관

굵고 곧다

태양선이 뚜렷하다

운명선의 밑부분이 굵다

금성구의 밑부분이 두텁다

안정된 직업을 가지는 상

계는 좋겠으나 줏대가 없는 것을 나타내는 것으로 본다.

길고
남짓하다

각 손가락의
끝마디가
길다

태양구、
월구가
발달해
있다

음덕선(陰德線)이
있다

굵고
살집이
좋다

각 손가락의
밑마디가
짧다

생명선이
짧고
위로
굽어
있다

**남을 위해서는
노력하지 않는 상**

□ 월구가 풍부한 사람은 정신적인 마음의 풍부함이나 상냥함을 지녔다. 더욱이 태양구가 풍부하거나 약지(藥指)가 길고 살집이 좋은 사람은 미와 행복에 관심도가 높다고 하겠다. 이와 같은 상(相)을 지녔다면 복지관계의 일에서 활약이 기대된다.

□ 각 손가락의 끝마디가 긴 사람은 정신적인 충실을 추구함으로 사회복지 사업에 적격이라 하겠다.

□ 음덕선(陰德線)은 조상의 덕을 입고 있다고 본다. 그러므로 이 선이 있으면 안정된 생활과 직장생활에서의 길운(吉運)을 나타낸다.

프로스포츠에 맞는 상(相)

■ 무엇보다도 운명선이 월구(月丘)에서 올라 있고 뚜렷하게 새겨져 있으면「프로스포츠맨」이 되기 위해서 필요한 상(相)이다.

■ 또한 그 운명선과 금성구에서 상승하고 있는 부운명선(副運命線)이 겹쳐 있거나 중지(中指)를 향하여 굵고 길게 상승하고 있으면 좋을 것이다. 이것은 인기를 얻는 것과 충분한 체력을 아울러 구비하는 상이므로 프로스포츠계로 진출하기 위해서는 꼭 있어야 할 상(相)이라 하겠다. 아마추어와 달라서 프로인 경우에는 인기를 얻는 것이 절대로 필요한 조건인 것이다.

운명선이 부운명선과 겹쳐서 상승

운명선이 월구에서 뚜렷하게 나와 있다

태양선이 많다

제2화성구에 탄력이 없다

감정선에 지선이 있다

두뇌선이 하강하고 있다

프로에는 맞지 않는 스포츠맨의 상

건강장수운을 점친다

무엇을 하더라도 우선 건강해야 하고
장수하지 않으면 안 된다.
그러기 위해서는 자신의 몸 어디에 약점이 있는가를 알고,
미리부터 조심을 하는 것이 중요한 것이다.

건강장수운(健康長壽運)을 점(占)치는 요령(要領)

■ 손 전체의 균형을 본다.

손의 폭이 유달리 좁고 얇은 손인 사람이나, 장구(掌丘)가 발달되지 못했는데, 화성평원이 움푹 파져 있는 사람은 체력 부족에 조심하여야 한다.

■ 손톱을 본다.

손톱의 종류에는 보통 손톱(普通爪), 큰 손톱, 짧은 손톱, 폭이 넓은 손톱, 폭이 좁은 손톱, 작은 손톱, 조개 모양 손톱, 변형 손톱 등이 있다. 이러한 손톱의 형태는 건강을 점치는 데 있어서 빠뜨려서는 안 된다.

■ 장구(掌丘)를 본다.

금성구는 건강과 정력을 의미하므로 그 장도(張度)의 상태를 본다. 기본적으로는 남짓한 편이 건강하다. 또 각구(各丘)의 착색 상태로써는 암몽색(暗蒙色)이면 적신호(赤信號)이다.

■ 손금(문선=紋線)을 본다.

생명선, 부생명선, 건강선, 감정선, 두뇌선 등의 길고 짧음, 난조(亂調), 잘린 상태, 흠, 섬 등은 모두 건강, 장수에 대하여 증언하고 있는 것이다. 이를테면 생명선은 수명에 대하여, 두뇌선은 신경계, 감정선은 순환기계를 제각기 표현하는 것이다.

이러한 손금은 기본적으로는 미려하고 뚜렷하게 새겨져 있고 난조나 잘린 곳이 전혀 없으며 흠이나 섬이 없는 것을 길운(吉運)으로 본다. 그러나 한 손금만으로 모든 것을 알 수는 결코 없다. 다른 손금이나 손의 상태 등을 두루 살펴서 판단하지 않으면 안 된다. 이를테면 수명을 볼 때에는 생명선만을 보고 판단하는 것은 속단이다. 생명선은 수명에 관해서 중요한 표현을 하고 있지만 그것이 모든 것을 종합한 것은 아닌 것과 같은 것이다.

장수형(長壽型)의 상(相)

단명(短命)인 상

■ 생명선은 굵고 길게 뻗쳐 있고, 두뇌선은 홈이 없이 뚜렷하게 새겨져 있는 상이라면 장수한다고 본다. 또 생명선이 가늘지라도 길고, 두뇌선이 굵고 길며 미려한 상이라면 또한 장수한다고 본다.

■ 생명선이 짧을지라도 그 선단부에서 상승하는 선이 운명선과 이어져 있거나, 생명선의 선단을 양쪽에서 돕듯이 손금이 나와 있다면 단명(短命)이 아니다.

■ 생명선이 잘려 있을지라도 그 부분이 자매선, 혹은 각문(角紋)으로 에워싸여 있다면 단명(短命)이 아니다.

■ 반달(손톱 밑 부분에 있는 흰색의 조그마한 부분)이 어느 손톱에도 전혀 없는 사람은 사소한 신병에도 곧잘 누워버리게 된다.

또 반달이 다섯 손가락 가운데서 한 두 곳에만 있는 경우에는 겉보기는 건강해 보여도 의외로 허약한 곳이 있다고 본다.

■ 반달의 아래위의 길이는 손톱 길이의 5분의 1정도인 것이 가장 좋은 상태이다. 이것보다 더 길면 도리어 병약함을 나타낸다고 본다.

반달이 5분의 1정도가 좋다

각구(各丘)에 탄력이 있다

손목선이 있다

부생명선

건강 우량한 상

척추병(脊椎病), 견병(肩病), 신경통에 걸리기 쉬운 상(相)

조개모양손톱
(貝爪)

좁은 손톱
(狹爪)

굵직하고 둥글다

지선이 깨끗하게 상승하고 있다

낙관선(樂觀線)

신경계통이 건강한 상

◼ 손톱의 폭이 대단히 좁고 게다가 긴 경우를 협조(狹爪)라 하는데, 이 모양의 손톱을 가진 사람은 척추병에 걸리기 쉬운 것으로 본다.

◼ 협조(狹爪)로써 손톱이 부드럽고 무르면「칼슘」의 부족인 탓인데 골절상에도 조심해야 한다. 또 손톱이 아주 얇고, 게다가 굽어 있는 사람은 등뼈에 이상이 일어나기 쉽고 그로 인해서 견통(肩痛)이 있기 쉽겠다.

◼ 평탄하고 짧은 손톱을 패조(貝爪)라 하는데 역삼각형인 패조는 관절의 질환이나 신경통에 걸리기 쉬운 상이라 본다.

■ 목성구는 소화계를 의미하는 장구(掌丘)이므로, 이 장구의 착색이 연한 쥐색인 경우는 적신호라 생각하면 된다.

■ 생명선의 중간쯤에 섬문(島紋)이 있는 사람은 만성 소화기계의 질병으로 고생하기 쉽다고 본다.

■ 생명선의 기점(起點) 근방에 연한 쥐색이 나와 있다면 현재 그 사람의 위장이 좋지 않음을 나타내는 것이다.

■ 건강선이 토막토막 나와 있는 상(相)은 그 사람이 소화불량형임을 나타내고 있으므로 주의가 필요하다.

소화기계통이 건강한 상

심장(心臟)이 약(弱)한 상(相)

감정선이 토막토막

감정선이 쇠사슬모양

붉은 반점이 있다

건강선 안으로 들어와 있다

크고 굵다

굵고 뚜렷하다

금성구가 크다

심장이 튼튼한 상

■ 감정선이 쇠사슬 모양이고 건강선의 선단이 생명선 안으로 들어와 있을 때는, 심장의 질환에 주의가 필요하다.

■ 생명선이 쇠사슬 모양이고, 감정선이 토막토막 잘려 있는 데다가 건강선과 감정선이 접촉하고 있는 부근에서 빨간색을 나타내고 있을 것 같으면 역시 심장질환이 있다고 본다.

■ 초승달 또는 손톱의 착색이 빨간색을 띠고 있을 것 같으면 순환기계에 주의할 필요가 있다. 게다가 감정선이 잘려 있거나 섬(島)이 되어 있을 것 같으면 적신호이다.

■ 건강선이 비뚤어져 있거나 파상(波狀)이거나 불규칙한 상태일 것 같으면 간장이나 담낭에 질환이 있을 것 같다.

■ 월구(月丘)의 밑부분에 정자문(井字紋)이나 십자문이 있고 거기에 생명선을 횡단한 장해선이 있으면, 신장병에 주의가 필요할 뿐만 아니라 여성인 경우는 부인병이 걱정되므로 주의해야 한다.

■ 감정선상에서 약지(藥指)의 아랫부분에 섬이 이루어져 있는 사람은 신장질환에

섬이 있다
감정선이 비뚤어져 있다
문(紋)이나 장해선이 있다

굵다
색, 탄력이 좋다
건강선은 얇고, 감정선과 생명선이 교차해 있다

간장이 튼튼한 상

유념해야 하겠으며, 몸의 위치로는 멀리 떨어져 있으나 안질에도 주의가 필요하다.

신경쇠약(神經衰弱)이 되기 쉬운 상(相)

감정선이 쇠사슬모양

두뇌선이 토막토막

두뇌선과 생명선이 교차

두뇌선이 떨어져 있다

감정선이 아름답게 나와 있다. 낙관선

금성구가 크다

강인한 신경의 상

■ 두뇌선이 토막토막 잘려 있고, 감정선이 길게 뻗쳐 있는 상(相)은 유달리 신경성 발작(히스테리) 증상을 일으키기 쉽거나 병적으로 화를 잘 내는 것을 나타낸다.

■ 두뇌선이 쇠사슬 모양으로 되어 있으면 사소한 일로도 화를 내기 쉬운 데다가 두통을 지니고 있는 것으로 본다.

■ 두뇌선의 하강(下降) 곡선이 대단히 강하고 그 말단이 생명선을 횡단할 만큼 뻗쳐 있는 사람의 경우는 우울증이 되기 쉬운 경우가 자주 있는 것으로 본다.

�‐ 생명선의 상부나 중부, 또는 건강선의 중부에 몇 개의 섬이 깊고 뚜렷하게 생겨 있는 경우는 소화기계의 암의 주의가 필요하다. 이들 섬이 흑다색(黑茶色)인 경우에도 마찬가지로 주의를 해야 한다.

◻ 생명선의 밑 부분에서 갈라진 지선(枝線)에 섬이 있고 건강선의 밑 부분에도 섬이 있을 때는 생식기계에 암이 생기기 쉽다.

◻ 건강선 위에 섬이 있고 그 선도 토막토막 잘려 있거나 손톱이 둥글게 부풀어올라서 손가락 끝 방향으로 만곡

암에 걸리기 쉬운 상

(灣曲)하고 세로로 가늘고 긴 줄기가 나와 있으면 호흡기계의 암의 주의가 필요하다.

불임증(不姙症)의 경향(傾向)이 있는 상(相)

□ 폭이 넓은 손톱(幅爪)이란 손톱의 세로의 길이가 3인데 대하여, 가로의 길이가 5의 비로 되어 있는 손톱의 모양이다. 여성으로서 이와 같은 넓은 폭의 손톱인 사람은 불임(不姙)으로 자식복이 없다고 볼 수 있다. 더욱이 폭이 넓은 정도가 심하고 짧은 손톱인 사람일수록 이 경향이 있다.

□ 폭 넓은 손톱에다가 손목선이 손바닥 쪽으로 만곡(灣曲)하고 있으면 더욱 불임의 표시가 강하게 된다. 이와 같은 상(相)인 사람은 호르몬의 상태를 좋게 하도

자식복이 많은 상

록 마음을 써야 하겠다.

고혈압(高血壓), 중풍(中風)에 주의(注意)할 상(相)

■ 짧은 손톱(短爪), 작은 손톱(小爪), 또는 폭이 넓은 손톱(幅爪)이며 손톱이 빨간색이라면, 혈압에 조심할 일이다. 더욱이 연배(年配)의 사람이 이 상을 하고 있으면 고혈압에 주의가 필요하다.

다색(茶色)이다

움푹하다

■ 월구(月丘)의 소지(小指)쪽 하부변(下部邊)이 유달리 낮아지고 있는 상태일 때는 뇌일혈을 일으키기 쉬운 때다.

■ 제2화성구에서 월구에 걸쳐 약간 탁한 연다색(軟茶色)이 섞인 색이 나와 있다면 중풍

감정선이 짧다

화성평원에 흰 반점이 있다

좁다 금성구가

흰 편이다

혈압이 낮은 증상의 상

의 주의신호라고 생각하면 된다. 이것은 나이 많은 사람은 특히 조심해야 될 상의 하나이다.

호흡기계가 건강한 상

■ 큰 손톱이란 손가락의 끝마디의 2분의 1보다도 긴 손톱을 말하지만 이와 같은 손톱인 사람으로서 수형(手型)에 관계없이 손가락이 가늘면 폐(肺), 인후(咽喉), 기관(氣管)이 허약하다.

■ 큰 손톱으로써 둥글고 크며, 조개껍질을 엎어놓은 듯한 손톱을 다시 결핵조(結核爪)라 하는데 이와 같은 손톱인 사람으로서 건강선 상부에 섬이 있다면 폐결핵에 조심할 일이다.

■ 가로세로의 비율이 3대 5 정도의 긴 손톱이며, 손톱의 표면에 세로줄이 강하게 많이 나와 있을 때는 호흡기계의 질병에 유의해야 한다.

돌발성(突發性) 신경통(神經痛), 간질의 상(相)

■ 두뇌선이 비록 길지라도 그 선의 선단에 성문(星紋=＊)이 있는 경우는 돌발성 신경증 등의 신경계의 질환에 조심하지 않으면 안 된다.

■ 두뇌선상에 두 세 개의 섬이 있는 경우도 역시 신경증에 대한 조심이 필요하다고 본다. 또한 이 경우의 섬은 단적으로 큰 것이라야만 그런 것이 아니다. 작을지라도 깊게 뚜렷한 쪽이 보다 강한 의미를 표현한다.

■ 감정선과 두뇌선 사이의 부분에 둥근 문(紋)이 몇 개 있는 사람은 간질질환일 수도 있겠다.

두뇌선의 끝단에 성문(星紋)이 있다

○문(紋)이 있다

섬이 많다

＊

굵다

목성구가 크다

크고 두텁다

낙관성

신경계통이 건강한 상

섬이 있고 거기서 하강선(下降線)이 뻗쳐 있다

섬문으로 멈춰있다

성문(星紋)이나 ×문이 있다

각문(角紋)이나 #자문이 있다

부생명선

재난에 강한 상

■ 토성구에 섬이 있고 더욱이 그 섬에서 선이 하강하여 생명선을 횡단하고 금성구까지 들어가 있으면 뜻하지 않은 재난으로 부상을 당할 수도 있다.

■ 두뇌선에 성문(星紋＝＊)이나 ×문이 있는 경우는 두부(頭部)의 부상에 조심하지 않으면 안 될 상(相)이다. 두부에 입는 부상은 때로는 생명에 관계될 수도 있으므로 각별한 조심이 필요하다.

■ 운명선의 선단이 토성구에 있는 별에서 멈추어 있을 것 같을 때는 뜻하지도 않은 재난에 부딪혀서 부상을 하게 될는지 모른다.

급한 성미나 싸움에 의한 부상(負傷)의 상(相)

■ 중지(中指)가 굽어 있거나 중지에 점이 있는 경우는 그 사람의 급한 성미가 원인이 되어 부상을 당할 상(相)이다.

■ 화성평원(火星平原)안에 동그란 문(紋)이나 +자 문이 있는 사람은 남의 흠을 찾아 헐뜯는 심술이 원인이 되어 싸우다가 부상을 입게 될 것이다.

■ 제2화성구에 반항선이 몇 가닥 나와 있는데다가 점이 있거나, ×문이 있거나 하는 상(相)은 툭하면 성미가 급한 나머지 곧잘 남과 싸움을 잘한다.

그 결과로 가정불화를 일으키거나 부상을 입기 쉽다고 본다.

다툼에서 몸을 지키는 상

재운을 점친다

돈복이 있어서 잘 지내기도 하는 사람이 있는가 하면,
땀 흘려 노력하는데도 가난하기만 한 사람도 있다.
돈복이 곧 행복일 수는 없겠으나 없는 것보다 있는 게
두말할 나위 없이 좋은 것이 재운인 것이다.

재운(財運)을 점(占)치는 요령

◪ 손 모양(手相)으로 본다.

사각형은 근면하고 경제관념이 잘 발달되어 있고 헛돈을 쓰지 않는 재운(財運)이 있는 손이다. 주걱형은 돈벌이가 능란한 손이다. 아이디어를 짜내거나 해서 사업을 일으킨다.

원추형은 낭비가형이다. 사교가 능란한 점을 살린다면 재운을 잡을 것이다.

첨두형은 금전에의 관심은 강하지만 실무적인 재산관리가 서툴러서 재운을 멀리하기 쉽다.

원시형은 외곬인 성미로 융통성이 없는 형이어서 돈벌이는 능란하지 못하다. 한 푼, 두 푼 저축하여야 하겠다.

혼합형은 손재주 말솜씨가 능란해서 이모저모로 돈벌이에 뛰어들지만 재간이 있는 데 비하여 성공하지 못하고 가난을 면하지 못한다. 결절형은 금전에 별로 집착심이 없는 상이다. 될 수 있으면 재운이 강한 손 모양의 사람과 짝을 이루는 것이 현명한 일이다.

◪ 손가락으로 본다.

무지(拇指)와 소지가 단단해야 한다. 이것은 의지가 강하

고, 장사도 능란하고 재운을 잡을 수 있는 상이다. 만약 무지
와 소지가 가늘고 게다가 두 개 이상의 장구(掌丘)가 남짓하
다면 재운과 인연이 있는 것으로 본다.

■ 장구를 본다.

목성구, 태양구, 수성구가 금전운에 관계하는 장구이지만
그 중에 두 날 이상의 장구가 남짓하면 금전운에 인연이 있
다고 본다.

■ 손금(문선=紋線)으로 본다.

생명선과 두뇌선의 기점(起點)이 떨어져 있으면 적극성이
있고, 뱃심과 실행력도 겸비하게 되므로 그 밖의 재운이 가
중되는 것이 되어 크게 기대할 수 있다.

재산가(財産家)가 될 상(相)

태양선이 굵고 길다
○문이 있다
재운선
금성구가 두께가 있다
손목선

두뇌선이 짧다
점이 있다
운명선이 새끼모양이다
생명선이 토막토막

가난한 일생을 보내는 상

□ 약지(藥指)의 맨 아랫마디에 동그라미 문(○)이 있다면 명예와 함께 부(副)도 얻을 수 있을 것이다. 또 약지의 가운데 마디에 이 동그라미 문이 있으면 결국 대성공으로 재운(財運)을 잡게 될 것이다.

□ 소지(小指)를 향하여 뻗쳐 있는 선을 재운선이라고도 하는데 이 선은 많이 있어도 길운(吉運)에 변함이 없다. 또 재운선이 소지와 약지의 중간에 길게 뻗쳐 있고 그 선단이 손가락과 손가락 사이로 빠지지 않은 경우는 뜻밖에 큰 재물을 잡는다. 그러나 너무 길게 뻗쳐 버리고 손가락 사이로 빠져 버렸다면 그렇지 않다.

타인의 원조(援助)로 득재(得財)할 상(相)

■ 운명선이 월구(月丘)에서 나와 상승하였고, 게다가 뚜렷한 선이라면 남의 힘이나 또는 인기에 의하여 운이 열린다고 본다. 즉 자기의 노력 이상의 것을 손에 잡을 수 있는 복된 재운이 있다고 보는 것이다.

■ 태양선의 끝에 깨끗한 성문(*)이 있다면 뜻하지 않은 재산을 손에 잡을 가능성이 있으므로 남몰래 기대해도 좋을 것이다. 특히 만년(晚年)이 되어서 크게 재운이 트이고 풍부하게 될 복된 별이므로 조급하게 서둘지 말고 착실하게 노력하면서 때를 기다려도 좋을 것이다.

태양선의 끝단에 성문(星紋)이 있다

운명선이 뚜렷하게 상승

운명선이 상승

재운선

노력선

자기의 노력으로 부(富)를 얻는 상

생명선과 두뇌선의 기점이
중지와 인지의 중간
밑쪽에 나와 있다

뚜렷하게 나와 있다

태양선의 끝단에
성문(星紋)이 있다

재운선이 새겨져 있다 뚜렷하게

V자문이 있다

일확천금을 얻을 상

■ 무지(拇指)의 맨 아랫마디에 2중의 선이 잘리지 않고 뚜렷하고 강하게 새겨져 있는 사람은 어떠한 경우에도 재운이 등을 돌리지 않는다는 건실한 상(相)의 소유자이다.

■ 생명선과 두뇌선의 기점(起點)이 같은 곳에서 나오고 게다가 인지(人指)와 중지(中指)의 중간 부분에서 아래쪽으로 멀리 떨어져 있다면 조심성이 많은 형이고 꼼꼼한 성미여서 건실하게 잡은 돈은 놓치지 않고 큰 돈벌이를 할 것이다. 그러나 건곤일척(乾坤一擲) 큰 벌이를 하겠다고 나서지는 말아야 한다.

인색한 형(型)의 상(相)

■ 중지(中指)의 맨 아랫마디에 마름모꼴(◇)이 있는 사람은 금전에 대한 집착이 대단히 강하다. 빌려준 돈을 되돌려 받기 위해서는 병자의 이불조차 억지로 벗겨버린다 할지라도 태연하게 있을 만한 인색한 형이다.

■ 또한 가운데 마디에 정(井)자 문이 있는 사람도 인색하기 짝이 없는 형으로써 인생만사 돈이면 다 통한다고 생각하고 있으므로 때때로 수전노라 손가락질을 받게 될 것이다.

■ 아주 자연스럽게 손을 앞으로 내밀었을

기절(基節)에 ◇문이나 井자문이 있다

감정선이 짧다

목성구가 솟아 올라 있다

제운선이 많다

제2화성구의 살집이 얇다

호탕하게 돈을 쓰는 상

때, 손을 움츠려서 내어 미는 사람은 빈틈이 없고 검소한 「타입」이다.

뜻밖의 횡재(橫財)할 상(相)

월구에서 선이 나와 있다

운명선의 밑부분에 조그마한 선이 따로 나와 있다

수성구의 색이 좋지 않고 강문(綱紋)이 있다

두뇌선이 짧게 잘려 있다

생명선의 쇠사슬 모양

지선이 하강(下降)하고 있다

재산에 등을 돌리는 상

◻ 운명선의 밑 부분에 월구(月丘)쪽에서 상승하는 조그마한 선이 부딪쳐 있으면, 토지나 건물 등의 부동산 운이 강한 사람과 결혼하거나 뜻하지 않은 후원자가 있거나 해서 자기 자신도 횡재하게 될 것이다.

◻ 역시 월구에서 운명선에 부딪히는 선일지라도 그 출발점이 월구 깊숙한 곳에서 나온 것인 경우는 인기나 원조 등을 얻게 될 기대와 동시에, 때로는 유산 등에 대하여 부동산을 비롯하여 재산을 얻을 가능성이 있다고 본다. 역시 행운과 결부될 선이다.

▫ 다섯 손가락의 맨 아랫마디의 살집이 제각기 풍부할 것 같으면 길운(吉運)으로 보거니와 특히 중지의 맨 아랫마디에 살집이 풍부하거나 거기에 천(川)자 문이 있는 경우는 땅이나 부동산을 손에 잡을 수 있다고 본다.

각 손가락의 마디의 살집이 통통하고 川자문이 있다

이 부분의 살이 통통하다

깨끗하게 네가닥이다

V자문이 있다

▫ 손목선이 완전하게 네 줄 새겨져 있고 그것들이 잘리거나 난조가 없는 경우는 부동산 등의 재산을 손에 잡을 수 있는 멋진 상(相)이라 본다. 또 이 손목선에 V자형의 문선(紋線)이 있다면 예기치 않은 재산을 얻게 될 암시로 그 문

감정선이 난조(亂調)를 이루고 있다

태양선이 사행(蛇行)하고 있다

이 부분의 살집이 얕다

손목선

부동산운을 타고나지 못한 상

선이 손목의 중앙에 있으면 부동산을 뜻하는 것이다.

돈이 나가기 쉬운 형(型)인 상(相)

각도가 넓다

태양선이 회미하게 난조(亂調)를 이루고 있다

금성구가 좁다

각구(홈도)에 탄력이 없다

감정선이 짧다

두뇌선이 상승하고 있다

이 사이가 길다

검약형의 상

■ 자연스럽게 손을 폈을 때 무지(拇指)와 인지(人指) 사이의 각도는 일반적으로 45도 전후인 것이다. 그런데 사람에 따라서 그 이상으로 각도가 크게 되기도 한다. 이것은 보다 큰 각도일수록 경제관념이 희박해지는 것으로 본다. 만약 90도 가까이나 벌리게 된다면 그 사람은 사치스러운 낭비가라 하겠다.

■ 생명선의 곡선의 부푼 정도가 작고, 금성구의 면적이 좁고 장도(張度)가 없는 사람은 금전에의 의욕이 결여되어 있기 때문에, 출비(出費)도 상당히 많은 결과가 되는 것이다.

■ 약지가 표준보다 긴 것은 내기, 도박 등에 강하기 위해선 꼭 필요한 조건이다.

■ 태양구가 풍부하고 태양구의 손금 중심의 △꼴이 태양구의 중앙에 똑바로 위치하고 있는 데다가 손금의 융선(隆線)이 아름다우면 내기노름에 강한 것으로 본다.

■ 태양선이 비록 짧을지라도 뚜렷하게 새겨져 있고 게다가 그것이 제2화성구에서 나와 있는 것이라면 길운(吉運)이라 본다. 그리고 다시 약지에 깨끗한 천(川)자 문이 있다면 그 상(相)은 내기에 아주 강한 것을 나타낸다.

길다
川자문이 있다 길다
융선(隆線)이 미세하고 △문이 있다
태양선이 뚜렷하다

짧다
살집이 없고 川자문도 없다
두뇌선이 짧고 커브가 없다
감정선에 커브가 없다

내기에 적당하지 못한 상

가정운을 점친다

가정은 생활의 기반이다.
설사 근무처에서나 어느 곳에서 불쾌한 일이 있을지라도,
가정이 원만하다면 휴식과 안정을 기할 수 있는 것이다.
당신 자신과 함께 약혼자 또는
배우자의 수상도 살짝 보기로 하자.

가정운(家庭運)을 점(占)치는 요령(要領)

◘ 생명선의 안쪽을 본다.

생명선은 1센티미터 정도의 폭에 살집이 남짓하게 탄력이 있다면 가정에서는 별 말썽이 없는 것으로 본다. 그 살집이 빈약하다면 가정불화가 일어나기 쉽겠다.

◘ 손바닥의 아랫부분을 본다.

손바닥을 3등분해서 그 맨 아래쪽 부분을 다시 3등분했을 때 가장 아랫부분의 살집이 남짓하지 못하면 이것저것 가정에서 불만을 품기 쉽겠고 문제를 일으킬 것만 같다.

◘ 장구(掌丘)를 본다.

손바닥 중앙의 화성평원이 생명선 쪽으로 기울어서 움푹 들어가 있는 상은 가정의 번뇌가 많은 경향이겠다.

태양구나 수성구의 남짓함도 가정운에 영향을 미치게 된다. 태양구는 정신적인 행복도(幸福度), 수성구는 인간관계를 나타낸다.

◪ 손금(문선=紋線)을 본다.

결혼선은 당연히 가정운과 밀접한 관계가 있다. 결혼선이 2등분되어 있거나 내려쳐져 있는 것 같거나 극단적으로 상향(上向)이거나 난조(亂調)가 있거나 하면 불안이 따라붙게 되기 마련이다. 그리고 운명선 또는 태양선이 생명선의 안쪽에서 나와 있으면 지금까지 자기가 생각한 대로 걸어오지 못한 데 대한 불만이 나타나서 짜증이 나고 그 짜증이 가정을 어둡게 한다.

또 태양선이 감정선 위에만 있고 아래로 전혀 나와 있지 않은 사람은 성인이 되기까지 행복을 느끼지 못하기 일쑤이고 불만이 많은 나날을 보내게 될는지 모른다. 이것도 역시 가정운의 하나이다.

가정형(家庭型)인 상(相)

중지 약지가 붙어 있다

부풀어 있다

이 부분이 발달하고 있다

길거나 굵다

부풀어 있다

살집이 없다

이 부분에

맡은 일에 열중하는 상

■ 큰 손인 사람은 신중파이지만 그 가운데서 특히 손바닥의 3분의 1부분이 풍부하면 안정형의 사람이다. 이러한 사람은 생활의 기반인 가정을 꿋꿋하게 지키려고 할 것이다.

■ 생명선의 안쪽 1센티미터 폭의 부분이 남짓한 사람은 가정 안태의 상(相)이라고 할 수 있다.

■ 아무 생각 없이 손을 내밀었을 때, 중지와 약지를 붙이고 있는 사람은 자기와 가족이 서로 밀접하게 결부되어 있음을 소망하는 형이다. 이러한 사람이 바로 가정 지향형인 사람이다.

■ 정력을 보는 금성구가 풍부한 것과 대인관계를 원만하게 하는 것인 수성구의 탄력이 있어야 한다는 것이 최대의 조건이 된다.

■ 감정선의 기점 부근에 지선(枝線)이 많으면 역시 자녀가 많은 상(相)이라 하겠으며, 크게 기대되는 바 있다.

■ 결혼선상에 세로의 지선(枝線)이 많은 것도 자녀복을 나타내는 요인이 된다. 이 조그마한 선은 별칭 호르몬선이라고도 한다.

■ 손목선이 굵고 세가닥쯤 있으면 자녀복을 보는 면에 있어서 길운(吉運)이라 하겠다.

세로줄이 있다
지선이 있다
금성구가 발달해 있다
세가닥의 굵은 선이 있다

짧고 가늘다
제2화성구에 탄력이 없다
금성구가 좁다

자녀운에 불운한 상

시어머니와 사이가 나쁜 상(相)

시어머니와 사이가 좋은 상

□ 제1화성구가 잘 발달해 있고 제2화성구가 움푹한 사람은 자존심이 강하고 게다가 나쁘게 말해서 고집쟁이의 성격으로 시어머니와 사소한 일로도 싸우기 일쑤이다.

□ 감정선이 길고 곧게 새겨져 있고 태양선이 난조를 이루고 있으면 항상 무엇인가 마음에 불만을 품고 있는 사람이므로 남들과의 시비와 다툼이 많게 된다.

□ 약지 아래의 태양구 뒷면(손등 쪽)에 저승점이 있으면 싸움이 끊일 사이가 없다고 본다.

이혼(離婚)하기 쉬운 상(相)

■ 제2화성구가 움푹하고 게다가 저승점이 있다면 인내력이 없고 여러 가지 일로 곧잘 싫증을 일으키고 마는 상(相)이다. 이와 같은 사람은 이혼하기 쉽다고 일컬어지고 있으므로 주의가 필요하다.

■ 결혼선이 하강하고 있을 때는 부부 이별의 징조가 있으므로 충분한 조심이 필요하다. 또 결혼선이 두 가닥이거나 십(+)자문, ×자문이 있는 경우에는 대단히 불만이 많아질 때이므로 기혼자에게 있어서는 이혼의 징조가 있을 것으로 본다.

+자문, ×문이 있다

결혼선이 하강하고 있다

제2화성구가 움푹하다

결혼선이 있다

한 가닥의 굵은

태양선이 깨끗하게 나와 있다

성문(星紋)이 있다

살집이 좋다

오래도록 풍파 없을 결혼 상

가정 내의 장식(裝飾)에 열중하는 상(相)

각 손가락이 얇고 가늘다

각 기절(基節)이 발달해 있다

태양선이 몇가닥 있다

문이나 와 있다

태양선이 난조를 이루고 있다

낙관선

완만한 선이 있다

실내의 정리에 무관심한 상

□ 각 손가락의 끝이 뾰족하고 얄팍하고 각 손가락의 맨 아랫마디가 풍부한 사람은 재주가 많은 형으로 이곳저곳으로 눈길이 닿는 사람이다. 실내장식마저도 스스로 손질을 해서 적극적으로 개조해 나갈 것이다. 조그마한 태양선이 몇 가닥 있다면 실내장식에 손을 대고 싶은 사람이다.

□ 금성구 아래쪽과 월구의 아래쪽 부분에 동그라미(○) 문(紋)이 있는 사람은 자기의 주거를 소중히 하는 사람이다. 또 여러 가지로 자기의 아이디어를 살려서 연구를 할 것으로 본다.

286 운명을 바꾸는 손금

교육(教育)에 열성(熱誠)이 대단한 상(相)

▫ 각 손가락의 가운데 마디가 긴 사람은 자녀의 교육에 열성이 대단한 형이다. 특히 약지의 가운데 마디가 긴 사람은 보다 강렬하게 교육을 위해서 치맛바람을 일으키기 쉬울 것으로 본다.

▫ 두뇌선이 길고 곧게 뻗쳐 있는 상은 현실적인 성격이고 게다가 지적인 것을 추구하는 것이므로 자기의 자녀들 교육에도 보다 많이 배려한다고 본다.

▫ 자녀선이 굵다는 것은 아이들을 감싸는 데 열중하는 상이다. 당연히 아이들을 잘 구슬려서 공부도 잘 시킬 수 있다고 본다.

길고 통통하다

자녀선이 굵다

두뇌선이 길고 곧게 뻗어 있다

두뇌선의 기점이 떨어져 있다

낙관선

방임주의의 상

부모·형제·친척 때문에 고생할 상(相)

가느다란 사선이 있다

+자문이나 ×문이 있다

점이 있다

짧거나 점이 있다

태양선과 두뇌선이 대칭적으로

두 가닥으로 갈라져 있다

이 부분의 살집이 많다

부풀음이

태양선

태양 보조선이 있는 사람은

가정운을 타고 났다.

가정운을 타고난 상

점이 있는 사람도 또한 같다.

■ 무지가 짧게 아래로 처져 있거나 무지에 저승점이 있는 사람은 양친에 관한 일로 고생할 것이다.

■ 제1화성구에 저승점이 있으면 형제 자매의 문제로 괴로워하거나 고생하게 될 것이다.

■ 금성구의 아래쪽 1센티미터 정도의 부분 안에 가느다란(+)자문이나 ×문이 있는 상(相)을 지닌 사람은 부모나 형제, 자매뿐만 아니라 친척인 사람들로 인하여 고생을 하게 될 것 같다. 또 같은 부분에

부록(p289)

1. 육 갑 법(六甲法)

육갑법이란 천간(天干)은 무엇이고 지지(地支)는 무엇이며 육십갑자는 무엇을 말하고, 또는 천간과 지지는 서로 만나면 어떤 작용(作用)을 하는가 등에 대한 술학(術學)의 기본적 상식이다.

① 천간(天干)과 지지(地支)

천간은 그냥 간(干)이라고도 하고 지지(地支)를 그냥 지(支)라고도 하며 천간과 지지를 합칭간지(干支)라 한다. 그리고 천간은 열개로 되어 있다하여 십간(十干)이라고도 하고, 지지는 열두개가 있다해서 십이지(十二支)라고도 한다.

천간의 명칭과 순서는 아래와 같다.

天干＝甲·乙·丙·丁·戊·己·庚·辛·壬·癸
천 간 갑 을 병 정 무 기 경 신 임 계

십이지의 명칭과 순서는 아래와 같다.

地支＝子·丑·寅·卯·辰·巳·午·未·申·酉·戌·亥
지 지 자 축 인 묘 진 사 오 미 신 유 술 해

② 간지(干支)의 음양(陰陽)

천간과 지지는 각각 음양이 있는데 이래와 같다.

천간의 甲 丙 戊 庚 壬은 양에 속하고 乙 丁 己 辛 癸는 음에 속한다.

지지의 子 寅 辰 午 申 戌은 양에 속하고 丑 卯 巳 未 酉 亥는 음에 속한다.

이를 다음과 같이 표로 작성해 본다.

天干 천간	甲 양	乙 음	丙 양	丁 음	戊 양	己 음	庚 양	辛 음	壬 양	癸 음	
地支 지지	子 양	丑 음	寅 양	卯 음	辰 양	巳 음	午 양	未 음	申 양	酉 음	戌 양	亥 음

③ 간지(干支)의 작용(作用)

천간(千干)은 서로 충(沖)하는 것과 합(合)하는 관계가 있고, 지지(地支)는 합하고 충하고 형(刑)하고 파(破)하고 해(害)하고 싫어하는 (怨嗔)것이 있으니 다음과 같다.

　　○ 간　　합(干合)

천간끼리 서로 합이 되는 것인데 천간합(天干合)또는 그냥 간합(干合)이라 한다. 다음과 같다.

甲己合　乙庚合　丙辛合　丁壬合　戊癸合
갑기합　을경합　병신합　정임합　무계합

甲이 己를 만나거나 己가 甲을 만나면 서로 합(合)을 이룬다. 乙庚 丙辛 丁壬 戊癸의 합도 마찬가지다.

　　○ 간　　충(干沖)

충(沖)이란 서로 충돌한다는 뜻이다. 이를 천간충(天干沖)또는 그냥 간충(干沖)이라고도 하는데 아래와 같다.

甲庚沖　乙辛沖　丙壬沖　丁癸沖　戊己沖
갑경충　을신충　병임충　정계충　무기충

가령 甲이 庚을 만나거나 庚이 甲을 만나면 서로 충돌하는 성질이 있다. 乙辛沖 丙壬沖 丁癸沖 戊己沖도 甲庚沖과 같은 예다.

　　○ 지　　합(支合)

지합(支合)이란 지지(地支)끼리 서로 합(合)을 이루는 것인바 지합에는 삼합(三合)과 육합(六合)이 있다. 아래와 같다.

三合＝申子辰合　巳酉丑合　寅午戌合　亥卯未合

가령 申子辰이 三合인데 申이 子를 만나거나 辰을 만나도 合이오 子가 申이나 辰을 만나거나 辰이 子나 申을 만나도 合이니 申子辰 혹은 申辰, 子辰, 申子 이렇게 만나도 合이라 한다. 그외 巳酉丑 巳酉 酉丑 巳丑도 合이오 寅午戌 寅午, 午戌 寅戌이 만나도 合이며, 亥卯未 亥未 亥卯 卯未, 이렇게 만나도 合이다. 원칙적으로 三合되는 지(支)끼리 셋이 모두 만나면 三合이오 둘씩 만나면 반합(半合)또는 반회(半會)라 한다.

六合＝子丑合　寅亥合　卯戌合　辰酉合　巳申合　午未合

가령 子가 丑을 만나거나 丑이 子를 만나면 지합(支合)또는 육합(六合)이라 한다. 寅亥合 卯戌合, 辰酉合, 巳申合, 午未合도 마찬가지다.

　○ 지　　충(支沖)

지충(支沖)이란 지지끼리 서로 만나면 충돌하는 관계를 말하는데 이를 육충(六沖)또는 지지상충(地支相沖)이라고도 한다.

子午沖　丑未沖　寅申沖　卯戌沖　辰戌沖　巳亥沖

子와 午가 상충(相沖)이오 丑과 未가 상충이오 寅과 申이 상충이오, 卯와 酉가 상충이오, 辰과 戌이 상충이오. 巳와 亥가 상충이다.

　○ 지　　형(支刑)

지형(支刑)이란 지지끼리 서로 형(刑)한다는 뜻으로 충(沖)과 마찬가지의 작용을 한다. 그리고 이 지형을 삼형(三刑)이라고도 한다.

寅巳申三刑　丑戌未三刑　（子卯相刑　辰午酉自刑）
　삼형　　　　　　　삼형　　　　　　상형　　　　자형

寅巳申三刑이란 寅은 巳를 형하고, 巳는 申을 형하고, 申은 寅을 형한다 함이오, 丑戌未三刑이란 丑은 戌을 형하고 戌은 未를 刑하고 未는 丑을 형한다 함이요, 子卯상형(相刑) 이란 子와 卯가 서로 형한다 함이오, 辰午酉亥자형(自刑)이란 辰은 辰을 午는 午를 酉는 酉를 亥는 亥를 같은 지(支)끼리 만나면 형한다는 뜻이다.

　○ 지　　파(支破)

지파(支破)를 육파(六破)라고도 하는데 파(破)란 서로 파괴한다는 뜻이다.

子酉破　丑辰破　寅亥破　巳申破　卯午破　戌未破
　파　　　파　　　파　　　파　　　파　　　파

子는 酉를 파괴하고 酉는 子를 파괴하니 子酉가 만나면 서로 파괴한다는 뜻이다. 이하 丑-辰 寅-亥 巳-申 卯-午 戌-未의 파도 마찬가지다.

　○ 지　　해(支害)

지해(支害)는 육해(六害)라고도 하는데 서로 해치는 관계를 말한다.

子未害　丑午害　寅巳害　卯辰害　申亥害　酉戌害
　해　　　해　　　해　　　해　　　해　　　해

　가령 子未가 해(害)이니 子는 未를 해하고 未는 子를 해하므로 子未가 만
나면 서로 해진다는 뜻으로 이하 丑午 寅巳 卯辰 申亥 酉戌의 해도 마찬가지
다.

　　○ 원　　　진(怨嗔)

원진이란 서로 미워하는 관계를 말한다.

子-未　丑-午　寅-酉　卯-申　辰-亥　巳-戌

　子는 쥐, 丑은 소, 寅은 범, 卯는 토끼, 辰은 용, 巳는 뱀, 午는 말, 未는 양(羊),
申은 원숭이(잔나비), 酉는 닭, 戌은 개, 亥는 돼지라 한다. 즉 쥐(子)는 양
(未)의 뿔을 싫어하고, 소(丑)는 말(午)이 갈지않고 노는 것을 미워하고, 범
(寅)은 닭(酉)의 부리가 짧은 것을 미워하고, 토끼(卯)는 원숭이(申)의 허리
가 굽은 것을 원망하고, 용(辰)은 돼지(亥)의 얼굴이 검은 것을 미워하고, 뱀
(巳)은 개(戌)짓는 소리를 싫어한다.

　　(鼠忌羊頭角　牛憎馬不耕,　虎憎鶏嘴短,　兎怨猴不平　龍嫌猪面黒　蛇驚
犬吠聲)

　　④ 육십갑자(六十甲子)

　육십갑자(六十甲子)의 기본은 십간(十干)과 십이지(十二支)다. 이 십간
십이지가 순서대로 서로 사귀어 배합(配合)하면 아래와 같은 육십개의 간지
(干支)로 구성되므로 육십갑자라 한다.

甲子	乙丑	丙寅	丁卯	戊辰	己巳	庚午	辛未	壬申	癸酉
甲戌	乙亥	丙子	丁丑	戊寅	己卯	庚辰	辛巳	壬午	癸未
甲申	乙酉	丙戌	丁亥	戊子	己丑	庚寅	辛卯	壬辰	癸巳
甲午	乙未	丙申	丁酉	戊戌	己亥	庚子	辛丑	壬寅	癸卯
甲辰	乙巳	丙午	丁未	戊申	己酉	庚戌	辛亥	壬子	癸丑
甲寅	乙卯	丙辰	丁巳	戊午	己未	庚申	辛酉	壬戌	癸亥

　　⑤ 월 건 법(月建法)

　월건법(月建法)이란 육갑법(六甲法)으로 일년 십이월은 각각 무엇에 해당
하는가를 알아보는 법으로 다음과 같다.

正月 寅, 二月 卯, 三月 辰, 四月 巳, 五月 午, 六月 未, 七月 申, 八月 酉, 九月 戌, 十月 亥, 十一月 子, 十二月 丑

어느 해를 막론하고 正月은 寅月이오 二月은 卯月, 三月은 辰月, 四月은 巳月, 五月은 午月, 六月은 未月, 七月은 申月, 八月은 酉月, 九月은 戌月, 十月은 亥月, 十一月은 子月, 十二月은 丑月이라 한다.

그런데 가령 正月은 寅月인데 위에 천간(天干)을 붙여 丙寅月 戊寅月 庚寅月 壬寅月 甲寅月 등으로 六十甲子가 月마다 속해 있는 것이니 이를 쉽게 따지는 요령은 아래와 같다.

甲己年—丙寅頭, 乙庚年—戊寅頭, 丙辛年—庚寅頭,
丁壬年—壬寅頭, 戊癸年—甲寅頭

이를 아래아 같이 일람표로 작성해 본다.

生月＼月別	正(寅)	二(卯)	三辰)	四(巳)	五(午)	六(未)	七(申)	八(酉)	九(戌)	十(亥)	十一(子)	十二(丑)
甲 己 年	丙寅	丁卯	戊辰	己巳	庚午	辛未	壬申	癸酉	甲戌	乙亥	丙子	丁丑
乙 庚 年	戊寅	己卯	庚辰	辛巳	壬午	癸未	甲申	乙酉	丙戌	丁亥	戊子	己丑
丙 申 年	庚寅	辛卯	壬辰	癸巳	甲午	乙未	丙申	丁酉	戊戌	己亥	庚子	辛丑
丁 壬 年	壬寅	癸卯	甲辰	乙巳	丙午	丁未	戊申	己酉	庚戌	辛亥	壬子	癸丑
戊 癸 年	甲寅	乙卯	丙辰	丁巳	戊午	己未	庚申	辛酉	壬戌	癸亥	甲子	乙丑

가령 甲年 즉 甲子 甲戌 甲申 甲午 甲辰 甲寅 등 테세(太歲)의 천간(天干)이 甲으로 되었거나 己巳 己卯 己丑 己亥 己酉 己未 등 태세의 천가이 己로 된 해는 반드시 正月을 丙寅부터 시작하여 二月은 丁卯, 三月은 戊辰, 四月은 己巳, 五月은 庚午, 六月은 辛未, 七月은 壬申, 八月은 癸酉, 九月은 甲戌, 十月은 乙亥, 十二月은 丙子, 十二月은 丁丑이 된다는 뜻이다.

위 일람표의 예로 가령 戊辰年 八月이면 辛酉月이오, 庚午年 五月이면 壬午月이니 모두 이와 같은 예로 일람표를 참고하느 것이다.

⑥ 시 간 법(時間法)

하루는 二十四時요. 六甲法으로 따지면 두 시간에 一支時씩 십이지시(十二支時)가 된다. 따지는 요령은 오후 十一時 零分부터 子時가 시작되어 두시 간에 一支時씩 丑寅卯 辰巳午未申酉戌亥로 十二支 순서를 따져 나간다.

子時 : 오후 11시 ~ 명일0시말   午時 : 오전 11시 ~ 오후1시말
丑時 : 오전 1시 ~ 2시말   未時 : 오후 1시 ~ 2시말
寅時 : 오전 3시 ~ 4시말   申時 : 오후 3시 ~ 4시말
卯時 : 오전 5시 ~ 6시말   酉時 : 오후 5시 ~ 6시말
辰時 : 오전 7시 ~ 8시말   戌時 : 오후 7시 ~ 8시말
巳時 : 오전 9시 ~ 10시말   亥時 : 오후 9시 ~ 10시말

時 干	子 時 (0시)	丑 〃	寅 〃	卯 〃	辰 〃	巳 〃	午 〃	未 〃	申 〃	酉 〃	戌 〃	亥 〃	(子) (밤) 11시
甲己日	甲子	乙丑	丙寅	丁卯	戊辰	己巳	庚午	辛未	壬申	癸酉	甲戌	乙亥	(丙子)
乙庚日	丙子	丁丑	戊寅	己卯	庚辰	辛巳	壬午	癸未	甲申	乙酉	丙戌	丁亥	(戊子)
丙辛日	戊子	己丑	庚寅	辛卯	壬辰	癸巳	甲午	乙未	丙申	丁酉	戊戌	己亥	(庚子)
丁壬日	庚子	辛丑	壬寅	癸卯	甲辰	乙巳	丙午	丁未	戊申	己酉	庚戌	辛亥	(壬子)
戊癸日	壬子	癸丑	甲寅	乙卯	丙辰	丁巳	戊午	己未	庚申	辛酉	壬戌	癸亥	(甲子)

가령 甲午日 卯時라면 丁卯時요, 己丑日 午時라면 庚午時다. 또 乙未日 寅時면 戊寅時요 壬子日 巳時면 乙巳時가 된다.

⑦ 간 지(干支)의 수(數)

천간과 지지는 또 각각 그에 속한 수(數)가 있는데 선천수(先天數)와 후천수(後天數)와 중천수(中天數)가 있다.

○ 선천수(先天數)

甲己子午九, 乙庚丑八, 丙辛寅申七, 丁壬卯酉六 戊癸辰戌五 巳亥屬之四

○ 후천수(後天數)

壬子一, 丁巳二, 甲寅三, 辛酉四 戊辰戌五, 癸亥六 丙午七 乙卯八 庚辛九 己百(혹은 十)丑未十

○ 중천수(中天數)

甲己辰戌丑未十一, 乙庚申酉十, 丙辛亥子九, 丁壬寅卯八, 戊癸巳午七

※ 토정비결작쾌법(土亭祕訣作卦法)

이상의 선후천수(先後天數)및 중천수(中天數)로 다음과 같이 토정비결의 쾌(卦)를 짓는다.

상괘(上卦)=당년 태세를 중천수에 의해 간지(干支)수를 합한 숫자에다 주인공의 당년 연령수를 합한다음 八로 제(除)하여 나머지수로 상괘(上卦)를 정한다. (나머지가 없이 0으로 떨어지면 그냥 八을 된다.)

중괘(中卦)=주인공의 생월(生月)로 당년 출생월에 해당하는 월건(月建)으로 선천수의 간지수를 합하고, 그 달이 크면 30, 작으면 29를 또 합해서 六으로 제(除)하여 나머지 수로 중괘를 정한다.(나머지자 없이 0이면 六을 취용한다.)

하괘(下卦)=주인공의 생일로 당년 생일의 일진을 취용하는바 日干은 선천수를, 日支는 중천수를 취하여 干支합한 다음 또 생일 날수를 총합해서 三으로 제하고 남는 수로 하괘를 정한다(나머지가 없으면 다시 三으로 한다)

2. 음   양(陰陽)

천지만물 가운데 음양(陰陽)으로 분류되지 않은 것은 하나도 없다. 음양이란 상대성원리(相對性原理)와 거의 부합되는 것으로 높고 낮고, 크고 작고, 길고 짧고, 넓고 좁고, 두텁고, 얇고, 밝고 어둡고, 따뜻하고, 차고, 뾰족하고 오목하고, 희고 검고 한 거등이 모두 상대적이며 따라서 음양으로 구분된다.

즉 하늘은 양이오. 땅은 음이니. 높은 것은 양이오. 낮은 것은 음이다. 밝은 것은 양이오. 어두운 것은 음이니 해는 양이오 달은 음이며, 낮은 양이오 밤은 음이다. 수컷은 양이오 암컷은 음이니 남자는 양이고 여자는 음이다. 더운 것은 양이고 추운 것은 음이니 불은 양이오 물은 음이며, 봄, 여름은 양에 속하고 가을 겨울은 음에 속한다. 굳센 것은 양이오 약한 것은 음이며, 또 강한 것은 양이고 부드러운 것은 음다. 급한 것은 양이고 느린 것은 음이며, 긴 것은 양이고 짧은 것은 음이다.

천간(天干)의 甲丙戊庚壬은 양이오. 乙丁己辛癸는 음이며, 자지(地支)의 子寅辰午申戌은 양이오. 丑卯巳未酉亥는 음이다.

숫자로는 一三五七九의 홀수(寄數)는 모두 양에 속하고 二四六八十의 짝수(偶數)는 모두 음에 속한다.

3. 오　　행(五行)

① 오행의 명칭

木　火　土　金　水

② 오행(五行)의 생극(生剋)

木火土金水 오행은 서로 만나면 반드시 생극비화(生剋比和)관계가 이루어진다. 즉 상생(相生)관계나 상극(相剋)관계 아니면 서로 비화(比和)된다.

　상생(相生)＝木生火　火生土　土生金　金生水　水生木

목은 火를 생하고, 火는 土를 생하고, 土는 金을 생하고, 金은 水를 생하고, 水는 木을 생한다. 그러므로 木火가 상생관계요, 火土가 상생관계요, 土金이 상생관계요. 金水가 상생관계요, 水木이 상생관계다.

　상극(相剋)＝木剋土　土剋水　水剋火　火剋金　金剋木

　木은 土를 극하고, 土는 水를 극하고, 水는 火를 극하고 火는 金을 극하고 金은 木을 극한다. 그러므로 金木이 상극관계요. 木土가 상극관계요. 土水가 상극관계요. 水火가 상극관계요, 火金이 상극관계다.

③ 오행소속

○ 간지오행(干支五行)

　甲乙寅卯木　丙丁巳午火　戊己辰戌丑未土　庚辛申酉金　壬癸亥子水

　천간 甲乙과 지지 寅卯는 木이오, 천간 丙丁과 지지 巳午는 火요, 천간 戊己와 지지 辰戌丑未는 土요, 천간 庚辛과 지지 申酉는 金이오, 천간 壬癸와 지지 亥子는 水다.

　　○ 수(數)의 오행

　一六水　二七火　三八木　四九金　五十土

　一과 六은 水요, 二와 七은 火요 三과 八은 木이요 四와 九는 金이오. 五와 十은 土다.

○ 오행방위(五行方位)

東方木　南方火　中央土　西方金　北方水 또는

甲乙東方木　丙丁南方火　戊己中央土　庚辛西方金　壬癸北方水

○ 오행색(五行色)

青色木　赤色火　黃色土　白色金　黑色水
청색목　적색화　황색토　백색금　흑색수

이를 다음과 같이 총칭하여 외운다.

甲乙東方青色木　丙丁南方赤色火　戊己中央黃色土　庚辛西方白色金　壬癸
北方黑色水

가령 甲과 乙은 동방에 속하고, 甲乙木의 빛은 청색이다. 丙과 丁은 남방이
오. 丙丁火의 빛은 적색이다. 戊와 己는 중앙이오 戊己土의 빛은 황색이다.
庚과 辛은 서방이오, 庚辛金의 빛은 백색이다. 壬과 癸는 북방이요. 壬癸水의
빛은 흑색이다.

○ 간합오행(干合五行)

천간이 합을 만나면 다음과 같은 오행이 작용된다.

甲己合土　乙庚合金　丙辛合水　丁壬合木　戊癸合火

甲己가 합하면 土로 화하고, 乙庚이 合하면 金으로 화하고, 丙辛이 合하면
水로 화하고, 丁壬이 합하면 木으로 화하고, 戊癸가 합하면 火로 화한다.

○ 삼합오행(三合五行)

申子辰合水　巳酉丑合金　寅午戌合火　亥卯未合木

申子辰 또는 申辰 子辰 申子가 합하여 水로 화하고, 巳酉丑 또는 巳酉 酉
丑 巳丑이 합하면 金으로 화하고, 寅午戌, 또는 寅午 寅戌 午戌이 합하면 火
로 합하고, 亥卯未, 또는 亥未 卯未 亥卯가 합하면 木으로 화한다.

○ 육합오행(六合五行)

子丑合土　寅亥合木　辰酉合金　巳申合水　午未合(단 五行不變)

子丑이 합하면 土로 화하고, 寅亥가 합하면 木으로 화하고, 卯戌이 합하면
火요 辰酉가 합하면 金으로 화하고, 巳申이 합하면 水로 화하고 단 午未가
합하면 오행은 변치 않고 午는 火 未는 土 그대로이다.

4. 이십사절(二十四節)

① 절기(節氣)의 명칭

일년 가운데 다음과 같은 이십사절(二十四節)이 있다.

입춘(立春), 우수(雨水), 경칩(驚蟄), 춘분(春分), 청명(淸明), 곡우(穀雨),
입하(立夏), 소만(小滿), 망종(芒種), 하지(夏至), 소서(小暑), 대서(大暑),
입추(立秋), 처서(處暑), 백로(白露), 추분(秋分), 한로(寒露), 상강(霜降),
입동(立冬), 소설(小雪), 대설(大雪), 동지(冬至), 소한(小寒), 대한(大寒)

① 이십사절 소속

입춘(立春)=正月節이 날은 구세(舊歲)에서 신년(新年)으로 바뀌는 기준
이다. 그러므로 가령 十二月에 입춘이 들었더라도 입춘일 입춘시간부터는 다
음해(新年) 태세(太歲)로 바뀌는 것이며 따라서 월건도 十二月이 아닌 다음
해 正月의 월건으로 작용(作用)한다.

또는 입춘이 아무리 신년 正月中에 들었다, 할지라도 입춘일 입춘시간이
되기 전 까지는 전년도 태세로 작용하며 따라서 월건도 전년 十二月의 월건
으로 작용해야 한다.

우수(雨水)=正月의 중기(中氣),

경칩(驚蟄)=二月節,이날(시간 포함)부터 비로소 二月의 월건을 적용한다.
그러므로 正月中에 있어도 경칩부터는 二月의 월건을 쓰고 二月中이라도 경
칩 전이면 正月의 월건을 적용한다.

춘분(春分)=二月의 중기(中氣),

청명(淸明)=三月節, 청명이 드는 일시부터 三月의 월건을 적용한다. 그러
므로 청명이 二月중에 있어도 청명부터는 三月의 월건을 쓰고, 三月에 들어
도 청명 전이면 二月의 월건을 쓴다.

곡우(穀雨)=四月의 중기(中氣),

입하(立夏)=五月節, 입하가 三月에 있어도 입하가 드는 일시부터는 四月
의 월건을 쓰고, 입하가 四月에 들어도 입하가 되기 전이면 三月의 월건을
쓴다.

소만(小滿)=四月의 중기(中氣),

망종(芒種)＝五月節, 망종이 四月中에 있어도 망종이 드는 日時부터는 五月의 월건을 쓰고, 五月中에 들어도 망종 전이면 四月의 월건을 쓴다.

하지(夏至)＝五月의 중기(中氣),

소서(小暑)＝六月節, 소서가 五月中에 있어도 소서가 드는 日時부터는 六月의 월건을 쓰고, 六月中에 들어도 아직 소서 전이면 五月의 월건을 쓴다.

대서(大暑)＝六月의 중기(中氣),

입추(立秋)＝七月節, 입추가 六月中에 있어도 입추가 드는 日時부터는 七月의 월건을 쓰고, 七月中에 들어도 아직 입추 전이면 六月의 월건을 쓴다.

처서(處暑)＝七月의 중기(中氣),

백로(白露)＝八月節, 백로가 七月中에 들어도 백로가 드는 日時부터는 八月의 월건을 쓰고, 八月中에 들어도 아직 소서 전이면 七月의 월건을 쓴다.

추분(秋分)＝八月의 중기(中氣),

한로(寒露)＝九月節, 한로가 八月中에 있어도 한로가 드는 日時부터는 九月의 월건을 쓰고, 九月中에 들어도 아직 한로 전이면 八月의 월건을 쓴다.

상강(霜降)＝九月의 중기(中氣),

입동(立冬)＝十月節, 입동이 九月中에 있어도 입동이 드는 日時부터는 十月의 월건을 쓰고, 十月中에 들어도 아직 입동 전이면 九月의 월건을 쓴다.

소설(小雪)＝十月의 중기(中氣),

대설(大雪)＝十一月節, 대설이 十月中에 있어도 대설이 드는 日時부터는 十一月의 월건을 쓰고, 十一月에 들어도 대설 전이면 十月의 월건을 쓴다.

동지(冬至)＝十一月의 중기(中氣),

소한(小寒)＝十二月節, 소한이 十一月中에 들었어도 소한일 소한시간 이후부터는 十二月의 월건을 쓰고, 소한이 十二月에 들었어도 아직 소한 일시 전이면 十二月의 월건을 쓴다.

대한(大寒)＝十二月의 중기(中氣),

[참고] 절기(節氣)란 월건(月建)이 바뀌는 기준점이고 중기(中氣)란 월건이 시작되는 처음에서 끝의 중간점이다.

正月＝입춘(正月節)·우수(正月中氣)

二月＝경칩(二月節)·춘분(二月中氣)

三月＝청명(三月節)·곡우(三月中氣)

四月＝입하(四月節)·소만(四月中氣)

五月＝망종(五月節)·하지(五月中氣)

六月＝소서(六月節)·대서(六月中氣)

七月＝입추(七月節)·처서(七月中氣)

八月＝백로(八月節)·추분(八月中氣)

九月＝한로(九月節)·상강(九月中氣)

十月＝입동(十日節)·소설(十月中氣)

十一月＝대설(十一月節)·동지(十一月節)

十二月＝소한(十二月節)·대한(十二月中氣)

입　춘(立春) { 前이면 十二月의 月建
후부터 경칩 전까지 正月의 月建

경　칩(驚蟄) { 前이면 正月의 月建
후부터 청명 전까지 二月의 月建

청　명(清明) { 前이면 二月의 月建
후부터 입하 전까지 三月의 月建

입　하(立夏) { 前이면 三月의 月建
후부터 망종 전까지 四月의 月建

망　종(芒種) { 前이면 四月의 月建
후부터 소서 전까지 五月의 月建

소　서(小暑) { 前이면 五月의 月建
후부터 입추 전까지 六月의 月建

입　추(立秋) { 前이면 六月의 月建
후부터 백로 전까지 七月의 月建

백　로(白露) { 前이면 七月의 月建
후부터 한로 전까지 八月의 月建

한　로(寒露) { 前이면 八月의 月建
후부터 입동 전까지 九月의 月建

입　동(立冬) { 前이면 九月의 月建
후부터 대설 전까지 十月의 月建

대　설(大雪) { 前이면 十一月의 月建
후부터 소한 전까지 十一月의 月建

소 한(小寒) { 前이면 十二月의 月建
            後부터 입춘 전까지 十二月의 月建

이상은 生年月日時에 의한 四柱 구성 뿐 아니라 모든 신살(神殺)에도 이 원칙을 적용해야 한다. 왜냐하면 술학(術學)은 거의가 오행의 생극비화(生剋比和)에 의한 성쇠(盛衰)로 논하는 것이므로 음력 初一日을 기준하여 月建이 바뀌면 四時 기온의 도수(度數)에 맞지 않고, 절기(節氣)를 기준해야 한란조습(寒暖燥濕)의 도수에 맞기 때문이다. 그러므로 四柱를 구성할때 입춘(立春)에 태세(太歲)가 바뀐다는 것과 매월 월건은 그 달의 절일(節日)을 기준하여 바뀐다는 점을 이해하면 틀림이 없다.

5, 四柱 정하는 법

萬歲曆을 활용하는 목적은 두가지가 있다. 陽曆과 陰曆관계, 즉 陽曆日字로 陰曆을 알아보고 陰曆日字로 陽曆을 알아보며, 陽曆·陰曆日字에 따르는 曜日, 그리고 그날 그날의 日辰이 무엇인가 하는 것이며, 또는 24節氣가 陽曆·陰曆으로 몇일에 들고, 節氣時間은 언제인가 하는 것, 또는 어느 달이 크고 작은가 등을 알아보려는데 있다. 둘째는 命學을 推理하려면 주인공의 生年月日時가 기본인데 무조건 生年月日時로 보는게 아니라 반드시 그 生年月日時에 의한 年月日時柱를 干支로 정해야 하므로 萬歲曆을 참고하지 않고서는 절대 불가능하다. 첫번째 목적은 누구나 本 萬歲曆을 펼쳐(해당되는 年度를 찾아)보면 알수가 있으나 年月日時의 干支(四柱)를 정하는데는 좀 복잡하다. 그래서 아래에 四柱정하는 요령을 상세히 설명한다.

① 年柱 정하는 법

年柱란 그 해의 太歲요, 生年月日時로 따진다면 出生한 年度의 干支다. 흔히 甲子生이니 乙丑生이니 하여 生을 干支로 말하는 예가 있는바 甲子生이면 甲子가 年柱이고, 乙丑生이면 乙丑이 年柱다. 이 干支를 모를 경우에는 그 해의 西紀나 檀紀年度를 찾으면 왼편 윗편에 甲子 乙丑 등 六十甲子에 해당되는 干支가 쓰여 있다. 年柱는 그대로 쓰면되는데 다만 음력 12月生이나 正月生은 立春이 언제 든는가를 살펴보아야 한다. 四柱 정하는 법칙은 날짜로 正月 初一日에 新年으로 바뀌는게 아니라 반드시 立春日時가 되어야 해가 바뀌도록 되었다. 그래서 비록 이미 해가 바뀐 이후의 出生人이라도 入春前

이면 前年太歲를 써야 하고, 아직 해가 바뀌지 않은 12月生이라도 立春이 지 났으면 다음해 太歲로 年柱를 정해야 한다. 예를 들어 서기 1960년은 太歲가 庚子인데 음력 正月 初9日 午前 4時 24分 이루부터라야 庚子年 太歲가 되고, 그 이전은 前年太歲인 己亥年이므로 이 경우의 年柱는 庚子가 아니라 전년 (1959) 태세인 己亥로 年柱를 정하는게 원칙임. (따라서 月建도 前年 12月의 月建인 丁丑月이 되는 것이다)또한 한 예로 庚子年 음 12月 24日生은 날짜 상으로는 아직 해가 바뀌지 않았으나 立春이 이미 12月 19일 午前 10時 23分 에 들었으므로 예는 立春이 지난 뒤라 新年 太歲인 辛丑으로 年柱를 정해야 한다.(따라서 月建도 다음해 正月 丙寅으로 한다) 立春日과 生日이 같으면 立春이 드는 時, 分까지 따져 前인가, 뒤인가로 年柱(太歲)을 定해야 한다.

② 月柱 定하는 법.

生月의 月建(그 달의 干支)을 月柱라 한다. 月柱는 出生한 年度를 찾아 生 日欄을 보면 月마다 月의 干支가 기록되어 그대로 쓰면 되지만 이 月柱도 무 조건 날짜에 해당되는 月의 干支를 쓰는게 아니라 반드시 節氣日時를 기준 해야 한다. 즉 生日 날짜를 不問하고, 節氣 前이면 前月의 月建, 節氣뒤면 다 음달의 月建을 써야 한다. 먼저 그달 그달에 해당하는 節氣가 무엇인지 알아 본 다음에 예로서 설명한다.

立春 : 正月節, 立春日時 뒤라야 正月의 月建, 前이면 前年 十二月의 月建.

驚蟄 : 二月節, 驚蟄日時 뒤라야 二月의 月建, 前이면 正月의 月建.

淸明 : 三月節, 淸明日時 뒤라야 三月의 月建, 前이면 二月의 月建.

立夏 : 四月節, 立夏日時 뒤라야 四月의 月建, 前이면 三月의 月建.

芒種 : 五月節, 芒種日時 뒤라야 五月의 月建, 前이면 四月의 月建.

小暑 : 六月節, 小暑日時 뒤라야 六月의 月建, 前이면 五月의 月建.

立秋 : 七月節, 立秋日時 뒤라야 七月의 月建, 前이면 六月의 月建.

白露 : 八月節, 白露日時 뒤라야 八月의 月建, 前이면 七月의 月建.

寒露 : 九月節, 寒露日時 뒤라야 九月의 月建, 前이면 八月의 月建.

立冬 : 十月節, 立冬日時 뒤라야 十月의 月建, 前이면 九月의 月建.

大雪 : 十一月節, 大雪日時 뒤라야 十一月의 月建, 前이면 十月의 月建.

小寒 : 十二月節, 小寒日時 뒤라야 十二月의 月建, 前이면 十一月의 月建.

가령 1960년 6월 12일生이라면 6월 月建 癸未를 쓰는게 아니라 5월의 月建 壬午로 쓴다. 왜냐 하면 6월이 되려면 小暑가 生日 뒤인 6월 14일 11시 13분에 들었으므로 이날 이시간 뒤라야 6월의 月建을 쓰게 되는 까닭이다. 또 당년(1960) 9월 23일생이면 날짜상으로는 아직 9월중에 있으나 10월 節氣인 立冬이 이미 9월 19일 오후 7시 3분에 들어 이날 이시간부터는 10월의 월건인 丁亥로 써야 한다.

[참고] ① 年柱와 12월 正月의 月建은 立春日時를 보아 立春이 正月中에 있어도 立春日時 前이면 前年太歲로 年柱, 前年 12월 月建으로 月柱를 삼고, 立春이 12월中에 있어도 立春日時 뒤면 다음해 太歲로 年柱, 다음해 正月의 月建으로 月柱를 삼아야 한다.

② 正月과 12월生이 아닌 경우는 모두 그 달에 소속된 節氣드는 日時를 위주하여 節氣日時 前이면 前節氣에 속한 月建을 쓰고, 節氣日時 뒤면 날짜상 前月이라도 다음달 月建(節氣에 해당하는)을 써야 한다.

아래 표를 참조하면 月建 정하기가 편리할 것이다.

月 \ 年	甲己年	乙庚年	丙辛年	丁壬年	戊癸年	해당節氣
正月建	丙 寅	戊 寅	庚 寅	壬 寅	甲 寅	立春
二月建	丁 卯	己 卯	辛 卯	癸 卯	乙 卯	驚蟄
三月建	戊 辰	庚 辰	壬 辰	甲 辰	丙 辰	淸明
四月建	己 巳	辛 巳	癸 巳	乙 巳	丁 巳	立夏
五月建	庚 午	壬 午	甲 午	丙 午	戊 午	芒種
六月建	辛 未	癸 未	乙 未	丁 未	乙 未	小暑
七月建	壬 申	甲 申甲	丙 甲	戊 甲	庚 申	立秋
八月建	癸 酉	乙 酉	丁 酉	己 酉	辛 酉	白露
九月建	甲 戌	丙 戌	戊 戌	寅 戌	壬 戌	寒露
十月建	乙 亥	丁 亥	己 亥	辛 亥	癸 亥	立冬
十一月建	丙 子	戊 子	庚 子	壬 子	甲 子	大雪
十二月建	丁 丑	己 丑	辛 丑	癸 丑	乙 丑	小寒

③ 日柱 정하는 법.

日柱는 出生日(혹은 그날)에 해당하는 干支(日辰)로써 음양력을 막론하고 出生日에 해당하는 干支 그대로 기록하면 된다. 단 萬歲曆에 의하지 않고는 불가능 하다. 고로 서기년도를 찾아 生月, 生日欄을 찾으면 甲子니 乙丑 등이 기록되어 있는바 그대로 쓰면 된다. 가령 서기 1960年 양 7月 25日生(음 윤 6월2일)이라면 甲寅으로 日柱를 정하게 된다.

④ 時柱 정하는 법

時柱를 정하려면 현대시간으로 十二支 時法을 알아야 하고, 또는 무조건 子時니 丑時 하는게 아니라 干支를 다 붙여 甲子時니 乙丑時 등의 예로 정해야 한다. 우선 아래와 같은 것을 알아두어야 한다.

子時 : 1밤 11시 0분부터 다음날 1시전(11시~12시)
丑時 : 새벽 1시부터 3시전(1시~2시)
寅時 : 새벽 3시부터 5시전(3시~4시)
卯時 : 아침 5시부터 7시전(5시~6시)
辰時 : 아침 7시부터 9시전(7시~8시)
巳時 : 낮 9시부터 11시전(9시~10시)
午時 : 낮 11시부터 오후 1시전(11시~12시)
未時 : 오후 1시부터 3시전(1시~2시)
申時 : 오후 3시부터 5시전(3시~4시)
酉時 : 저녁 5시부터 7시전(5시~6시)
戌時 : 저녁 7시부터 9시전(7시~8시)
亥時 : 밤 9시부터 11시전(9~10시)

[참고] 서기 1961년 8월 10일부터 낮 12시를 12시 30분으로 30분 앞당겨 현재까지 사용해오고 있다. 十二支時의 정확한 度數는 태양이 正南(南中)에 위치할 때 正午(낮12시 0분)라야 한다. 30분 앞당겼으므로 12시 30분에야 태양이 正南(서울지방 기준)에 위치한다. 고로 1961년 8월 10일 이후부터는 30분 늦추어 밤 11시 30분에 子初(子時)가 시작되어야 하고, 이에 따라 日辰은 밤 0시 30분이 되어야 다음날로 바뀐다는 점을 알아두어야 한다. 그리고, 서머타임 기간중 1시간 혹은 30분 앞당겨 사용한 것도 참작해서 계산해야 한다. 서머타임이 실시된 연도와 날짜 기간은 해당되는 연도 아래에 표시해 놓았으니 참고하면 된다. 한가지 예로 서기 1987년 5월 10일부터 10월 11일까지 서머타임제를 둔바 이 기간중에는 가령 낮 12시 30분 출생일 경우 오전 11시 30분 출생으로 보아야 한다. 여기에서 30분을 또 빼면(1961년 8월부터 30분

앞당긴 것) 사실상(十二支 원칙상)의 시간은 11시 0분이라야 한다.

이상의 요령으로 十二支時 가운데 어느 時에 해당하는가를 알았으면, 다음에는 그날의 日干(日辰의 天干… 日辰 위글자)으로 時의 干支를 알아 時柱를 정해야 한다. 아래 표를 참고하라.

時\日	子時(0시)	丑 '	寅 '	卯 '	辰 '	巳 '	午 '	未 '	申 '	酉 '	戌 '	亥 '	(子)(밤)11시
甲己日	甲子	乙丑	丙寅	丁卯	戊辰	己巳	庚午	辛未	壬申	癸酉	甲戌	乙亥	(丙子)
乙庚日	丙子	丁丑	戊寅	己卯	庚辰	辛巳	壬午	癸未	甲申	乙酉	丙戌	丁亥	(戊子)
丙辛日	戊子	己丑	庚寅	辛卯	壬辰	癸巳	甲午	乙未	丙申	丁酉	戊戌	己亥	(庚子)
丁壬日	庚子	辛丑	壬寅	癸卯	甲辰	乙巳	丙午	丁未	戊申	己酉	庚戌	辛亥	(壬子)
戊癸日	壬子	癸丑	甲寅	乙卯	丙辰	丁巳	戊午	己未	庚申	辛酉	壬戌	癸亥	(甲子)

※ 甲己日이란 甲子 甲戌 甲申 甲午 甲辰 甲寅日과 己巳 己卯 己丑 己亥 己酉 己未日의 예로 日의 天干이 甲과 己로 구성된 것임.

그러므로 가령 甲午日 卯時는 丁卯가 時柱요, 乙巳日 申時는 甲申이 時柱요, 壬子日 酉時는 己酉로 時柱를 정한다.

6. 신 살(神殺)

신살(神殺)이란 길신(吉神)과 흉살(凶殺)을 말한다. 사람마다 사주 가운데 길신 또는 흉살이 있기 마련인데 어떤 길신이 있으며 어떤 흉살이 있는가를 살피고 또 그 길신 또는 흉신은 어떠한 작용을 하는가에 대해 간단히 기록한다.

① 길 신(吉神)

○ 천을귀인(天乙貴人)

아래와 같은 천을귀인이 있으면 인덕이 많아 주위 환경에서 도와주는이가 많아 어려움을 당해도 무난히 해결된다. 또는 총명하고 착한데 흉한 일을 만나도 그것이 계기가 되어 도리어 좋아진다는 길성이다. 천을 귀인은 다음과 같다.

甲戊庚日에 丑未, 乙己日에 子申, 丙丁日에 亥酉,
辛日에 寅午, 壬癸日에 巳卯.

-17-

일 干	甲	乙	丙	丁	戊	已	庚	辛	壬	癸
천 을 귀 인	未 丑	申 子	酉 亥	酉 亥	未 丑	申 子	未 丑	午 寅	卯 巳	卯 巳

가령 甲이나 戊나 庚日生이 年月日時支 가운데 丑이나 未가 있으면 곧 천을귀인이다.

　○ 천월덕귀인(天月德貴人)

이 천덕귀인이나 월덕귀인이 있는 사람은 천을 귀인과 마찬가지로 귀인의 도움이 많고 일생 나쁜 액을 당하지 아니한다. 천월덕귀인은 아래와 같다.

천덕귀인＝正月丁　二月申　三月壬　四月辛　五月亥　六月甲

　　　　　　七月癸　八月寅　九月丙　十月乙　十一月巳　十二月庚

월덕귀인＝正五九月 丙　　二六十月 甲

　　　　　三七十一月 壬　　四八十二月庚

월 별	正	二	三	四	五	六	七	八	九	十	十一	十二
천덕귀인	丁	申	壬	辛	亥	甲	癸	寅	丙	乙	巳	庚
월덕귀인	丙	甲	壬	庚	丙	甲	壬	庚	丙	甲	壬	庚

가령 正月生人이 사주 가운데 丁이 있으면 천덕귀인이오 丙이 있으면 월덕귀인이다.

　○ 건　록(建祿)

이 건록을 정록(正祿) 또는 천록(天祿) 혹은 그냥 녹(祿)이라고도 한다. 이 건록이 있는 사람은 몸이 건강하고 생활의 기반이 튼튼하며 일생 의식 걱정을 아니한다. 건록은 다음과 같다.

甲日寅　乙日卯　丙戊日巳　丁己日午

庚日申　辛日酉　壬日亥　　癸日子

日 干	甲	乙	丙	丁	戊	已	庚	辛	壬	癸
건 록	寅	卯	巳	午	巳	午	申	酉	亥	子

가령 甲日生이 月日時支가운데 寅이 있으면 건록이다.

　○ 암　록(暗祿)

암록은 건록의 육합(六合)되는 곳으로 이 암록이 있는 사람은 숨은 인덕이 있어 남모르는 도움을 받게 되고 귀인의 도움이 많다. 암록은 아래와 같다.

甲日亥　乙日戌　丙戊日申　丁己日未
庚日巳　辛日辰　壬日寅　　癸日丑

日　干	甲	乙	丙	丁	戊	己	庚	辛	壬	癸
암　록	亥	戌	申	未	申	未	巳	辰	寅	丑

가령 甲日生이 月日時支 가운데 亥가 있으면 암록이다.

○ 금　여(金輿)

아래와 같은 금여가 있는 사람은 용모가 단정하고 온화하며 재주가 있어 사람들의 존경을 받게 된다. 그리고 금여가 있으면 좋은 배우자를 만나고, 시지(時支)에 있으면 일가친척의 도움이 많고 자손도 훌륭히 둔다.

甲日辰　乙日巳　丙日未　丁日申　戊日未
己日申　庚日戌　辛日亥　壬日丑　癸日寅

日　干	甲	乙	丙	丁	戊	己	庚	辛	壬	癸
금　여	辰	巳	未	申	未	申	戌	亥	丑	寅

가령 甲日生이 月日時支 가운데 辰이 있으면 금여라 한다.

○ 장　성(將星)

이 장성이 있는 사람은 성격이 강하고 자존심이 강해서 굽히기를 싫어한다. 장성이 다른 길신과 만나면 문무겸전하여 크게 출세한다. 여자는 팔자가 세다.

申子辰年日-子, 巳酉丑年日-酉, 寅午戌年日-午, 亥卯未年日-卯

年日支	子	丑	寅	卯	辰	巳	午	未	申	酉	戌	亥
장　성	子	酉	午	卯	子	酉	午	卯	子	酉	午	卯

가령 申子辰年生이 月日時에 子를 만나거나 申子辰日生이 年月時에 子를 만나면 장성이다.

○ 문　창(文昌)

이 문창성이 있으면 총명하여 학문에 뛰어나고 풍류를 좋아한다. 문창성은 아래와 같다.

甲日巳 乙日午 丙戊日申 丁巳日酉 庚日亥 辛日子 壬日寅 癸日卯

日　干	甲	乙	丙	丁	戊	巳	庚	辛	壬	癸
문　창	巳	午	申	酉	申	酉	亥	子	寅	卯

가령 甲日生이 年月日時支 가운데 巳가 있으면 문창성이다.

○ 역　마(驛馬)

이 역마가 있고 다른 길신을 만나면 외지(外地)에서 이름을 떨치거나 상업무역 운수업으로 성공하고 또는 해외출입이 순조로우나 사주 격국이 나쁘거나 흉신이 임하면 일생 객지 풍상이 심하여 편할 날이 없다고 한다.

申子辰年日-寅 巳酉丑年日-亥, 寅午戌年日-申, 亥卯未年日-巳

年日支	子	丑	寅	卯	辰	巳	午	未	申	酉	戌	亥
역　마	寅	亥	申	巳	寅	亥	申	巳	寅	亥	申	巳

가령 申子辰年生이 月日時에 寅이 있거나 申子辰日生이 年月時 가운데 寅이 있으면 역마다.

○ 화　개(華盖)

이 화개가 있으면 총명하고 문장의 실력이 뛰어나며 예술에도 조예가 깊은데 낭만성이 농후하여 돈이 헤프다. 여자는 화개가 많으면 고독하거나 화류계가 되기 쉽다.

申子辰年日-辰, 巳酉丑年日-丑, 寅午戌年日-戌, 亥卯未年日-未

年日支	子	丑	寅	卯	辰	巳	午	未	申	酉	戌	亥
화　개	辰	丑	戌	未	辰	丑	戌	未	辰	丑	戌	未

가령 申子辰年生이 月日時支 가운데 辰이 있으면 화개요, 申子辰日生이 年月時支 가운데 辰이 있으면 화개다.

○ 홍란성(紅鸞星)

이 홍란성이 사주 가운데 있으면 용모가 단정하고 아름다우며 마음씨가 곱고 온화하다.

子生-卯　　丑生-寅　　寅生-丑　　卯生-子　　辰生-亥　　巳生-戌
午生-酉　　未生-申　　申生-未　　酉生-午　　戌生-巳　　亥生-辰

年日支	子	丑	寅	卯	辰	巳	午	未	申	酉	戌	亥
홍란성	卯	寅	丑	子	亥	戌	酉	申	未	午	巳	辰

가령 子年生이 月日時支 가운데 卯가 있으면 홍란성이다.

○ 삼　기(三奇)

아래와 같은 삼기를 갖춘 사람은 영웅수재(英雄秀才)가 될 가능성이 높다 한다. 고로 일찍 출세하여 이름을 떨친다.

甲戊庚全＝이를 천상삼기(天上三奇)라 한다.

乙丙丁全＝이를 지하삼기(地下三奇)라 한다.

壬癸辛全＝이를 인중삼기(人中三奇)라 한다.

가령 四柱의 天干에 甲戊庚 三字가 모두 있어야만 이에 해당한다. 乙丙丁 壬癸辛도 마찬가지다.

○ 육　수(六秀)

아래 일진에 태어난 사람은 재치 있고 재주가 총명하다. 단 너무 약고 이기적(利己的)인 경향이 있다.

戊子日　　己丑日　　戊午日　　己未日　　丙午日

○ 복덕수기(福德秀氣)

아래에 해당되는 복덕수기를 갖춘 사람은 총명하고 복록이 따른다.

乙乙乙全　　巳酉丑全

사주에 乙字 셋이 있거나 지지에 巳酉丑 金局을 온전히 놓으면 이에 해당한다.

○ 천　혁(天赫)

아래와 같은 천혁이 있으면 나쁜 액을 만나도 우연히 전화위복 한다.

春三月-戊寅日　夏三月-甲午日,　秋三月-戊申日,　冬三月-甲子日

가령 正月 二月 三月 중에 출행하여 戊寅日生이면 이에 해당한다. 하(夏) 는 四五六月, 추(秋)는 七八九月, 동(冬)은 十一, 十二月生이다.

○ 괴　강(魁罡)

이 괴강성은 길신의 작용도 하고, 흉신의 작용도 한다. 길흉간에 극단으로 몰고 가는 성신이므로 대부(大富) 대귀(大貴)가 아니면, 극히 빈천해진다. 사주에 이 괴강이 많으면 크게 부귀하는데 단 여자는 팔자가 세어 고독하다.

庚辰　庚戌　壬辰　壬戌　戊戌

[참고]

이 이상의 길신(吉神)이 공망(空亡)및 형충파해(刑沖破害)또는 사절묘(死絶墓)에 들지 않아야 길신으로서의 효력을 발휘한다. 만일 길신이 있더라도 공망을 만난거나 형충파해 되거나 십이 운성으로 사절묘에 들면 길신으로서의 아무런 효력이 없다.

② 흉　신(凶神)

○ 공　망(空亡)

즉 순중공망(旬中空亡)이다. 공망은 모든 성신(星辰–凶神을 막론하고)의 작용력을 무력화(無力化)시킨다. 그러므로 길신이 공망이면 흉하고, 흉살이 공망된 경우는 도리어 좋다.

생년이 공망이면 부모 조상의 덕이 없고, 생월이 공망이면 형제무덕 하거나 유산이 없어 자수성가 해야 하고, 일지(日支)가 공망이면 처덕이 없고, 시지(時支)가 공망이면 자손덕이 없거나 자손을 실패한다.

공망은 아래와 같다.

甲子旬中(甲子에서　癸酉日까지)–戌亥空

甲戌旬中(甲戌에서　癸未日까지)–申酉空

甲申旬中(甲申에서　癸巳日까지)–午未空

甲午旬中(甲午에서　癸卯日까지)–辰巳空

甲辰旬中(甲辰에서　癸丑日까지)–寅卯空

甲寅旬中(甲寅에서　癸亥日까지)–子丑空

가령 生日이 庚午日이라면 甲子旬中에 해당하니 사주 가운데 戌이나 亥가 있으면 이를 공망이라 한다.

○ 양　인(羊刃)

양인은 살성(殺星)으로 성격이 급하고 사납고 독하고 자인하며 부상(負傷) 손재 질병 등을 초래한다. 단 사주 격국이 길하면 무관(武官)이나 형관(刑官)으로 출세한다.

甲日卯　　乙日辰　　丙戌日午　　丁己日未　　庚日酉　　辛日戌
壬日子　　癸日丑

日　간	甲	乙	丙	丁	戊	巳	庚	辛	壬	癸
양　인	卯	辰	午	未	午	未	酉	戌	子	丑

가령 甲日生이 年月日時支 가운데 卯가 있으면 양인살이다.

○ 고과살(孤寡殺)

고과(孤寡)란 고신(孤辰), 과숙(寡宿)인데 남자는 고실살이 있으면 홀아
비가 되는 살이오 여자는 과숙살이 있으면 과부가 되는 살이라 한다. 사주가
길격으로 되어 있는 중에 이 살이 있으면 한 때 공방수에 불과하나 사주가
흉격인데다 이 살이 있으면 부부간에 생이사별을 면치못한다고 한다.

亥子丑年日-寅戌(寅이　고신　戌이　과숙)
寅卯辰年日-巳丑(巳가　고신　丑이　과숙)
巳午未年日-申辰(申이　고신　辰이　과숙)
申酉戌年日-亥未(亥가　고신　未가　과숙)

年 日 支	子	丑	寅	卯	辰	巳	午	未	申	酉	戌	亥
고 신(남)	寅	寅	巳	巳	巳	申	申	申	亥	亥	亥	寅
과 숙(여)	戌	戌	丑	丑	丑	辰	辰	辰	未	未	未	戌

가령 男子 子年生이 月日時에 寅이 있거나 子日生이 年月時에 寅이 있으
면 고신살이오, 여자 子年生이 月日時에 戌이 있거나 子日生이 年月時에 戌
이 있으면 과숙살이다.

○ 도　화(桃花)

도화를 함지살(咸池殺) 또는 목욕살(沐浴殺) 또는 패신(敗神)이라고도
한다. 이 도화살이 있으면 남녀를 막론하고 색정(色情)에 방탕하기 쉽고 사
치와 허영을 좋아한다. 또는 이성을 유혹하는 매력이 있다 한다.

도화살은 아래와 같다.

年　　　支	子	丑	寅	卯	辰	巳	午	未	申	酉	戌	亥
도 화 살	酉	午	卯	子	酉	午	卯	子	酉	午	卯	子

申子辰年日一酉, 巳酉丑年日一午, 寅午 戌年日一卯 亥卯未年日一子

가령 申子辰年生이 月日時支에 酉가 있거나 申子辰日生이 年月時支에 酉가 있으면 도화살이다.

○ 기타 흉신

年 日 支	子	丑	寅	卯	辰	巳	午	未	申	酉	戌	亥	備　　考
혈인(血刃)	丑	未	寅	申	卯	酉	辰	戌	巳	亥	午	子	年支기준
관재(官災)	卯	辰	巳	午	未	申	酉	戌	亥	子	丑	寅	年으로月支
재혼(再婚)	五	六	七	八	九	十	十一	十二	正	二	三	四	年으로月支
중혼(重婚)	四	五	六	七	八	九	十	十一	十二	正	二	三	年으로月支
오귀(五鬼)	辰	巳	午	未	申	酉	戌	亥	子	丑	寅	卯	日支기준
상문(喪門)	寅	卯	辰	巳	午	未	申	酉	戌	亥	子	丑	年支기준
조객(吊客)	戌	亥	子	丑	寅	卯	辰	巳	午	未	申	酉	年支기준

③ 십이살(十二殺)

이 십이살 가운데 장성, 반안, 역마, 화개는 살이 아니다.

구분 / 年度	겁살	재살	천살	지살	연살	월산	망신	장성	반안	역마	육해	해개
申子辰生	巳	午	未	申	酉	戌	亥	子	丑	寅	卯	辰
巳酉丑生	寅	卯	辰	巳	午	未	申	酉	戌	亥	子	丑
寅午戌生	亥	子	丑	寅	卯	辰	巳	午	未	申	酉	戌
亥卯未生	申	酉	戌	亥	子	丑	寅	卯	辰	巳	午	未

④ 십이운성(十二運星)

십이운성법(十二運星法)에는 두 가지가 있다. 하나는 年이나 日支를 기준하여 정해지는 정국인데, 이를 포태법(胞胎法)이라 하고, 하나는 日干을 기준한 정국인데 이를 장생십이신(長生十二神)이라고도 한다.

○ 포태십이신(胞胎十二神)

金 絶 於 寅＝巳酉丑　金은 포(胞)를 寅에 붙이고

-24-

木 絶 於 申＝亥卯未　木은 포를 申에 붙이고,

水土絶於巳＝申子辰　水土는 포를 巳에 붙이고,

火 絶 於 亥＝寅午戌　火局은 胞를 亥에 붙인다.

이와 같은 원칙으로 포(胞—즉 絶)를 일으켜 태(胎), 양(養), 생(生), 욕(浴), 대(帶), 관(官), 왕(旺), 쇠(衰), 병(病), 사(死), 장(葬)으로 순행(順行)하면 아래와 같다.

年度＼구분	胞	胎	養	生	浴	帶	官	旺	衰	病	死	葬
申子辰水	巳	午	未	申	酉	戌	亥	子	丑	寅	卯	辰
巳酉丑金	寅	卯	辰	巳	午	未	申	酉	戌	亥	子	丑
寅午戌火	亥	子	丑	寅	卯	辰	巳	午	未	申	酉	戌
亥卯未木	申	酉	戌	亥	子	丑	寅	卯	辰	巳	午	未

金寅　　水土巳　　火亥　　木申, 이는 포태법을 가장 간단하게 암기하는 요령이다. 가령 申子辰 水土局은 巳에 포를 붙여 순행하면 午에 태, 未에 양, 申에 생, 酉에 욕, 戌에 대, 亥에 관, 子에 왕, 丑에 쇠, 寅에 병, 卯에 사 辰에 장이 된다. 기타 火局, 金局, 木局도 모두 이와 같은 요령에 의한다.

　○ 장생십이신(長生十二神)

장생법(長生法)이라 하는바 붙이는 요령은 다음과 같다.

木 長 生 亥＝오행이 木이면 장생을 亥에,

火土長生寅＝오행이 火土면 장생을 寅에

金 長 生 巳＝오행이 金이면 장생을 巳에,

水 長 生 申＝오행이 水면 장생을 申에

이상의 원칙으로 장생을 일으켜 목욕(沐浴), 관대(冠帶), 임관(臨官), 제왕(帝王), 쇠(衰), 병(病), 사(死), 묘(墓), 절(絶), 태(胎), 양(養)의 순서로 순행(順行)한다.

구분\五行	장생(長生)	목욕(沐浴)	관대(冠帶)	임관(臨官)	제왕(帝旺)	쇠(衰)	병(病)	사(死)	묘(墓)	절(絶)	태(胎)	양(養)
木	亥	子	丑	寅	卯	辰	巳	午	未	申	酉	戌
火土	寅	卯	辰	巳	午	未	申	酉	戌	亥	子	丑
金	巳	午	未	申	酉	戌	亥	子	丑	寅	卯	辰
水	申	酉	戌	亥	子	丑	寅	卯	辰	巳	午	未

　가령 木은 亥에 장생을 붙여 순행하니 子에 목욕, 丑에 관대, 寅에 임관, 卯에 제왕, 辰에 쇠, 巳에 병, 午에 사, 未에 묘, 申에 절, 酉에 태, 戌에 양이 된다. 기타 火土, 金 水의 경우도 木의 예와 마찬가지다.

　또는 십이장생을 음양으로 구분해서 양(陽)은 순행(順行)하고 음(陰)은 역행(逆行)한다.

　　甲木長生亥　乙木長生午,
　　丙火長生寅　丁火長生酉
　　戊土長生寅　己土長生酉
　　庚金長生巳　辛金長生子
　　壬水長生申　癸水長生卯

　甲丙戊庚壬 양간은 十·二支를 순행하고 乙丁己辛癸 음간은 十·二支를 역행하면 아래의 정국표(定局表)와 같다.

十二神\日干	甲	乙	丙	丁	戊	己	庚	辛	壬	癸
장 생(長 生)	亥	午	寅	酉	寅	酉	巳	子	申	卯
목 욕(沐 浴)	子	巳	卯	申	卯	申	午	亥	酉	寅
관 대(冠 帶)	丑	辰	辰	未	辰	未	未	戌	戌	丑
임 관(臨 官)	寅	卯	巳	午	巳	午	申	酉	亥	子
제 왕(帝 旺)	卯	寅	午	巳	午	巳	酉	申	子	亥
쇠(衰)	辰	丑	未	辰	未	辰	戌	未	丑	戌
병(病)	巳	子	申	卯	申	卯	亥	午	寅	酉
사(死)	午	亥	酉	寅	酉	寅	子	巳	卯	申
묘(墓)·고(庫)	未	戌	戌	丑	戌	丑	丑	辰	辰	未

절(絶)	申	酉	亥	子	亥	子	寅	卯	巳	午
태(胎)	酉	申	子	亥	子	亥	卯	寅	午	巳
양(養)	戌	未	丑	戌	丑	戌	辰	丑	未	辰

7. 남녀궁합법(男女宮合法)

① 납음궁합(納音宮合)

납음궁합이란 남녀 생년태세(生年太歲)의 납음오행(納音五行)으로 생극비화(生剋比和)관계를 따져 상생(相生)되면 길하고 상극(相剋)되면 불길하며 비화(比和)되면 길한 경우도 있고 불길한 경우도 있다 하는데 金金 火火의 비화는 나쁘고 水水 土土 木木의 비화는 좋게 보는 것이다.

이 납음궁합을 보려면 우선 남녀 생년태세가 어떤 오행에 속하는가를 알아야 한다. 아래와 같다.

○ 육십갑자납음오행(六十甲子音五行)

甲子乙丑	해중금(海中金)	甲申乙酉	천중수(泉中水)	甲辰乙巳	복등화(覆燈火)
丙寅丁卯	노중화(爐中火)	丙戌丁亥	옥상토(屋上土)	丙午丁未	천하수(天河水)
戊辰己巳	대림목(大林木)	戊子己丑	벽력화(霹靂火)	戊申己酉	대역토(大驛土)
庚午辛未	노방토(路傍土)	庚寅辛卯	송백목(松柏木)	庚戌辛亥	차천금(釵釧金)
壬申癸酉	검봉금(劍鋒金)	壬辰癸巳	장류수(長流水)	壬子癸丑	상자목(桑柘木)
甲戌乙亥	산두화(山頭火)	甲午乙未	사중금(沙中金)	甲寅乙卯	대계수(大溪水)
丙子丁丑	간하수(澗下水)	丙申丁酉	산하화(山下火)	丙辰丁巳	사중토(沙中土)
戊寅己卯	성두토(城頭土)	戊戌己亥	평지목(平地木)	戊申己未	천상화(天上火)
庚辰辛巳	백납금(白鑞金)	庚子辛丑	옥상토(屋上土)	庚戌辛酉	석류목(石榴木)
壬午癸未	양류목(楊柳木)	壬寅癸卯	금박금(金箔金)	壬戌癸亥	대해수(大海水)

그런데 남녀가 상극될 경우 여자가 남자의 극을 받는 것 보다 남자가 여자의 극을 받음이 더욱 마땅치 않다. 그리고 남녀를 막론하고 극을 받으면(相 헨되는 것)나쁘다 하나 다음과 같은 경우에는 극 받는 것을 도리어 기뻐한다.

○ 金은 火의 극을 꺼리지만 甲午·乙未 사중금(沙中金)과 庚戌·辛亥 차천금(釵釧金)은 火를 만나야 성공하고,

○ 火는 水의 극을 꺼리지만 戊子·己丑 벽력화(霹靂火)와 丙申·丁酉 산하화(山下火)와 戊午·己未 천상화(天上火)는 水이 아니면 평화를 누리지 못하고,

○ 土는 木의 극을 꺼리지만 庚午·辛未 노방토(路傍土)와 戊申·己酉 대역토(大驛土)와 丙辰 丁巳 사중토(沙中土)는 목이 아니면 평생의 행복을 그르치고,

○ 水는 土의 극을 꺼리지만 丙午·丁未 천하수(天河水)와 壬戌·癸亥 대해수(大海水)는 土를 만나면 자연히 발복되고

○ 木은 金의 극을 꺼리지만 오직 戊戌·己亥 평지목(平地木)은 金이 아니면 성공을 얻기 어렵다.

○ 납음궁합 해설

男金女金=길 옆에 서 있는 복숭아와 살구나무 격(道傍桃杏)

두 金이 부딪히면 소리가 나는 법, 강과 강이 만나 맞서니 가정이 시끄럽고 부부 불화하니 집을 잘 비우고 타향에 나가 풍상을 겪는다.

男金女木=고난을 겪은 뒤 창성한다.(困而得昌)

金克木으로 金木이 상극이나 남자가 여자를 극하므로 발복하고 잡안도 안락할 것이다.

男金女水=물고기와 용이 물을 얻은 격(魚龍得水格)

상생궁합, 고로 대길하여 부부 금슬이 좋고 일생 이별 없이 해로하며, 자손이 슬하에 가득하되 모두 효성으로 양친을 받든다. 초목이 봄을 만난듯이 날로 발전하는 대길한 궁합이다.

男金女火=화분속의 매화가 봄을 기다리는격(盆梅待春格)

火克金으로 상극되어 불길한 것 같으나 金이 용광로에 들면 단련되어 훌륭한 그릇이 된다. 고로 이 궁합은 기국이 작은 사람은 불길하여 이별 수 있고, 기국이 큰 사람은 크게 성취한다. 단 초년의 곤고가 있은 뒤에야 발달하

는 궁합이다.

男金女土 = 봄에 난초를 심는 격(春日植蘭格)

土金이 상생하니 삼생(三生)의 연분이 만나 백년해로 한다. 부귀빈천이야 하늘이 정한 운명이니 어쩔 수 없으나 같이 근심하고 같이 즐거워하면서 일생 다정하게 지낸다.

南木女木 = 소는 농사 짓고 말은 수레를 끄는 격(牛耕馬行格)

木木이 비화되어 서로 맞서는 상이니 부부간의 뜻이 각기 다르다. 금슬은 좋다 할수 없으나 서로 돕는 마음으로 합심하면 자수성가 하여 재부(財富)를 누린다.

男木女水 = 물고기가 변하여 용이 된 격(魚變化龍格)

金水가 상생하니 남편은 아내를 아끼고 아내는 남편을 공경하여 가도가 세워지고 온 가정이 화락한다. 뿐 아니라 마른 나무가 봄을 만난 것 같이 날로 가업이 번창하고 자손도 크게 영귀하는 자장 이상적인 궁합이다.

男木女火 = 높은 별당에 앉아 거문고를 타는 격(高堂彈琴格)

木火가 상생이라 부부 금슬이 지극하다. 슬하에 많은 자녀들을 두어 가정의 즐거움이 끊일날 없고, 일생 큰 액이 없이 백년해로 할 것이다.

男木女土 = 물고기가 못 속에서 노는 격(魚遊沼澤格)

木克土로 상극이라 하나 한편 木은 흙에 뿌리를 박고 자라는 것이므로 나쁜것 같으면서도 나쁘지 않다. 다만 남편 자신이 아내를 사랑하기에 노력한다면 의식이 족하고 원만한 가정을 누리면서 해로할 것이다.

男水女金 = 봄에 꽃이 피고 가지가 돋아나는 격(春生花枝格)

金生水로 상생궁합이니 어질고 착한 아내와 三남 四녀의 자녀를 두어 슬하의 영화도 극진하다.

男水女木 = 평탄한 길을 말이 달리는 격(坦道馳馬格)

水生木이니 부부가 다정하고 일생 이별이 없다. 혹 부부가 만날 때 빈궁하더라도 날과 달로 발전하여 티끌모아 태산을 이루듯이 마침내는 크게 성공할 것이오, 자손도 창성하여 부귀를 얻게 되리라.

男水女水 = 물고기가 봄물결 속에서 평화롭게 노는 격(魚遊春水格)

水水가 서로 합하니 시내물이 모여 강(江)이 되고, 잔솔을 심어 낙락장송이 된다. 전생의 인연이 이생에서 다시 만난것 같이 부부간에 백년화락 할 것이오 만사가 다 성취되어 무궁한 복록을 누릴 것이다.

男水女火=소경이 개울 옆에서 지팡이를 짚고 서 있는 격(盲杖立溝格)

水火가 상극이니 부부의 뜻이 다르고 마음이 다르다. 전생에 원수가 만난 듯이 서로 미워하여 걸핏하면 충돌하니 백년해로를 기약하기 어렵다.

男水女土=토끼가 굴 속에서 숨어 있는 격(兎守其窟格)

土克水로 상극된 중에 아내가 남편을 업신여기는 상이다. 내 주장에 가정이 항시 시끄럽고 우환질고가 떠나지 않으니 우울한 나날을 보낼 뿐이다.

男火女金=용이 여의주를 잃고 조화를 부리지 못하는 격(龍失明珠格)

火克金이니 상극궁합이라 부부의 뜻이 서로 어긋나 날마다 싸우게 되고 가정이 불안하니 매사불성으로 재물은 눈 녹듯이 사라져 빈궁해진다. 뿐 아니라 자손도 두기 어렵거나 두더라도불초하여 부모 근심을 끼치게 되리라.

男火女木=꽃동산에 봄이 돌아온 격(花園逢春格)

木生火라 상생궁합이니 부부가 화락하고 일생 이별이 없이 백년해로 한다. 뿐 아니라 자손 창성에 재물은 봄을 만난 초목과 같이 날로 번창하여 부귀영화를 누릴 것이다.

男火女木=깨진 배로 바다를 건너는 격(破船渡海格)

水火가 상극이니 물에 기름을 섞은것 같이 부부의 뜻이 매양 어긋난다. 동과 서로 나뉘어 거처하는 격이니 해로 하기 어렵고 중도에서 생이별하기 쉽다. 재물도 궁핍하고 자녀의 운도 나쁘다.

男火女火=섶을 지고 불 속에 들어가는 격(負薪入火格)

두불이 서로 만나니 불꽃이 치열하여 불타 재만 남는 상이다. 단 십년도 동거하기 어렵고 화재수로 재산을 날리며 자살소동이 일어나는 등 가장 불길한 궁합이니 취하지 마라.

男火女土=수하고, 부하고 자손도 많이 두는 격(壽富多男格)

火生土로 상생궁합. 부부가 화목하게 백년해로한다. 재물도 족하고 가정도 원만할 것이오 일생 질병 없이 건강한 몸으로 부귀를 누리리라.

男土女金=원앙이 서로 만난격(鴛鴦相逢格)

土生金이라 궁합 가운데 가장 이상적인 궁합이라 하겠다. 소위 부창부수(夫唱婦隨)니 남편은 사랑하고 아내는 남편을 존경하여 가도가 바르게 세워진다. 재물이야 말해 무엇하랴. 부부 일심이니 아니되는 일 없이 날로 발전하여 석숭같은 부자가 부럽지 않으리라.

男土女木=대들보가 부러지고 집이 무너진 격(棟折屋頹格)

木克土라 아내가 남편을 극하는 궁합이니 가장 불길하여 부부불화로 가정이 시끄럽지 않으면 중도에 파탄을 일으킨다. 만약 이러한 궁합으로 혼처가 나서거든 아예 거절하고 다른 곳을 구하라. 한 번 잘 못 만나면 서로가 불행하니라.

男土女水=바위 위로 말이 달리는 격(馳馬岩上格)

土克水로 상극이니 부부 불화하고, 아내의 질병으로 재산을 거의 날리며, 집안이 차츰 기울어 간다. 일생 되는 일이 적고 엉뚱한 변괴가 자주 일어나니 조용하고 편안할 날이 없다.

男土女火=꾀꼬리가 버들가지 위에 앉은 격(鶯上柳枝格)

土生金으로 상생이 되니 항시 봄바람 같이 훈훈하다. 부부 금슬이 다정함은 물론이요 해마다 경사가 이르고 부귀영화를 누리면서 해로 한다.

男土女土=모란이 곱게 핀 격(牧丹開發格)

양토(兩土)가 상합하니 부부의 뜻이 맞고 상부상조(相扶相助)하면서 백년을 해로 한다. 비록 부모의 유산이 없더라도 합심으로 자수성가하여 중년 이후로는 전답을 즐비하게 장만하리라.

② **구궁궁합**(九宮宮合)

이 궁합법은 상·중·하원(上中下元)으로 분류해서 보게 되었으나 여기에서는 중원갑(中元甲)에 태어난 남녀를 기준 수록한다. 왜냐하면 상원갑(上元甲)은 서기 一八六四年 甲子에서 一九二三年 癸亥까지 해당되므로 불필요한 것이고 하원갑(下元甲)은 서기 一九八四年 甲子부터이므로 아직 나이가 어려 결혼연령에 이르려면 앞으로 二十年은 지나야 한다. 단 중원갑(中元甲)은 一九二四年 甲子에서 一九八三年 癸亥까지이므로 중원갑에 한해서만 수록해도 참고하는데 불편이 없기 때문이다.

巽	離	女甲子 (逆) 坤
震	中	兌
艮	男甲子 (順) 坎	乾

남자는 甲子를 감궁(坎宮)에 붙여 九宮을 거꾸로 돌리고 여자는 곤궁(坤宮)에 甲子를 붙여 九宮을 순으로 돌려 나가다가 출생한 생년태세(生年太歲)에 이르는 곳의 쾌(卦)를 기준하여 一上生氣 二中天醫 식으로 생기복덕 짚은 요령과 같이 한다. (만일 태세가 中

宮에 들면 남자는 坤宮으로 따지고 여자는 良宮으로 따진다. 생기(生氣)·복덕(福德)·천의(天醫)는 대길하고 본궁(本宮-즉 歸魂)은 평상하며 절체(絶體)와 유혼(遊魂)은 해가 없고 화해(禍害)·절명(絶命)이면 대흉하다. 이상의 요령을 직접 알아보기 쉽게 아래와 같이 조견표를 작성한다.

○ 구궁궁합 조견표

男子의 生 \ 女子의 生	甲子 癸酉 壬午 辛卯 庚子 己酉 戊午 坤	乙丑 甲戌 癸未 壬辰 辛丑 庚戌 己未 震	丙寅 乙亥 甲申 癸巳 壬寅 辛亥 庚申 巽	丁卯 丙子 乙酉 甲午 癸卯 壬子 辛酉 中	戊辰 丁丑 丙戌 乙未 甲辰 癸丑 壬戌 乾	己巳 戊寅 丁亥 丙申 乙巳 甲寅 癸亥 兌	庚午 己卯 戊子 丁酉 丙午 乙卯 艮	辛未 庚辰 己丑 戊戌 丁未 丙辰 離	壬申 辛巳 庚寅 己亥 戊申 丁巳 坎
甲子 癸酉 壬午 辛卯 庚子 己酉 戊午 坎	절명	복덕	생기	천의	유혼	화해	천의	절체	귀혼
乙丑 甲戌 癸未 壬辰 辛丑 庚戌 己未 離	유혼	생기	복덕	화해	절명	천의	화해	귀혼	절체
丙寅 乙亥 甲申 癸巳 壬寅 辛亥 庚申 艮	생기	유혼	절명	귀혼	복덕	절체	귀혼	화해	천의
丁卯 丙子 乙酉 甲午 癸卯 壬子 辛酉 兌	복덕	절명	유혼	절체	생기	귀혼	절체	천의	화해
戊辰 丁丑 丙戌 乙未 甲辰 癸丑 壬戌 乾	절체	천의	화해	복덕	귀혼	생기	복덕	절명	유혼
己巳 戊寅 丁亥 丙申 乙巳 甲寅 癸亥 中	귀혼	화해	천의	생기	절체	복덕	생기	유혼	절명
庚午 己卯 戊子 丁酉 丙午 乙卯 巽	천의	절체	귀혼	절명	화해	유혼	절명	복덕	생기
辛未 庚辰 己丑 戊戌 丁未 丙辰 震	화해	귀혼	절체	유혼	천의	절명	유혼	생기	복덕
壬申 辛巳 庚寅 己亥 戊申 丁巳 坤	귀혼	화해	천의	생기	절체	복덕	생기	유혼	절명

가령 庚子生 男子와 辛丑生 女子는 복덕궁합이니 길하고, 남자 癸卯生과 여자 戊申生은 화해궁합이 되어 대흉하다. 그 외에도 같은 요령으로 남자(上)와 여자(下)의 생을 대조하여 어느 궁합에 해당하는가를 본다.

③ 기　타

○ 원진살(怨嗔殺)

남녀 궁합에 원진이 되면 부부간에 정이 없거나 심한 경우 이별수도 있다 한다. 아래와 같다.

子-未(쥐띠와 양띠), 丑-午(소띠와 말띠), 寅-酉(범띠와 닭띠), 卯-申(토끼띠와 원숭이띠), 진-해(용띠와 돼지띠), 巳-戌(뱀띠와 개띠)

○ 가취멸문법(嫁聚滅門法)

남녀 혼인에 될 수 있으면 아래에 해당되는 생월끼리 피하는게 좋다고 한다. 이는 소위 재산이 흩어지거나 자손이 창성하지 못한다는 것으로 다른 궁합이 모두 나쁘고 이에 해당하면 멸문(滅門)의 재앙도 이를 수 있다 한다.

正月女와 九月男,　　二月女와 八月男,　　三月女와 五月男,
四月女와 六月男,　　五月女와 正月男,　　六月女와 十二月男,
七月女와 三月男,　　八月女와 十月男,　　九月女와 四月男,
十月女와 十一月男

8. 택일문(擇日門)

(1) 생기복덕법(生氣福德法)

어떤 택일을 막론하고 첫째 주인공의 생기, 복덕의 길일부터 맞춘 뒤에 해당부분의 길일과 합국(合局)해야 한다. 그러므로 먼저 남녀 생기복덕법을 수록한다.

원래 이 생기복덕법은 조견표에 의하지 않고 암기법(暗記法)으로 따져 보는 방법이 있다.

즉 남자는 一세를 離宮에 붙여 二세만은 坤을 건너 뛰고 兌, 三세 乾, 四세 坎, 五세 艮, 六세 震, 七세 巽, 八세 離, 九세 坤, 十세 兌, 이렇게 계속 돌리면 二十세에는 坎, 三十세에는 震, 四十세에 離, 五十세에 兌, 六十세에 坎,

七十·세에 震宮이 닿고, 여자는 一세를 坎에 붙여 八方을 거꾸로 돌린다. 즉 二세 乾, 三세 兌, 四세 坤, 五세 離, 六세 巽, 七세 震, 八세만은 艮을 건너 坎에 이르고, 九세 乾, 十세 兌, 이렇게 계속 돌려나가면 二十에 離, 三十에 震, 四十에 坎, 五十에 兌, 六十에 離, 七十에 震, 八十에는 坎宮에 닿는다.

7	15	23	31	39	1	8	16	24	32		9	17	25	33
47	55	63	71	79	40	48	56	64	72	41	49	57	65	73
6	14	22	30	38						2	10	18	26	34
46	54	62	70	78		男		子		42	50	58	66	74
5	13	21	29	37	4	12	20	28	36	3	11	19	27	35
45	53	61	69	77	44	52	60	68	76	43	51	59	67	75

6	13	21	29	37	5	12	20	28	36	4	11	19	27	35
45	53	61	69	77	44	52	60	68	76	43	51	59	67	75
7	14	22	30	38						3	10	18	26	34
46	54	62	70	78		女		子		42	50	58	66	74
	15	23	31	39	1	8	16	24	32	2	9	17	25	33
47	55	63	71	79	40	48	56	64	72	41	49	57	65	73

위 남녀 연령배치도를 참고하라.

그리하여 해당되는 연령이 닿는 곳의 괘(卦)의 몽양을 손으로 만들어 一上生氣부터 시작하여 二中天醫, 三下絶體, 四中遊魂, 五上禍害, 六中福德, 七下絶命, 八中歸魂의 순서로 떼어져 있는 것은 붙이고, 붙은 것은 펴면서 山辰과 같은 卦의 모양이 이루어 질때 불러지는 것이 바로 그 일진에 해당하는 생기·복덕신이다. 가령 남자 五十·세라면 나이가 태궁(兌宮)에 닿고 兌는 兌上絶이라, 손가락 兌上絶의 모양에서 일상생기 부르면서 上指를 붙이면 乾三連이 되니 戌亥日은 생기요, 이중천의 부르면서 中指를 떼면 離虛中이 되니 午日은 천의요, 三下節體 부르면서 下指(藥指)를 떼면 艮上連이 되니 丑寅日은 절체요, 四中遊魂 부르면서 中指를 붙이면 巽下絶되니 辰巳日은 유혼이오, 五上禍害 부르면서 上指를 떼면 坎中連이 되니 子日은 화해요, 六中福德 부르면서 中指를 떼면 坤三絶이 되니 未申日은 복덕이오, 七下絶命 부르면서 下指를 붙이면 震下連이 되니 卯日은 절명이요, 八中遊魂 브르면서 中指를 붙이면 兌上絶이 되니 酉日은 귀혼이다.

子日—坎中連, 丑寅日—艮上連, 卯日—震下連, 辰巳日—巽下絶

午日—離虛中, 未申日—坤三絶, 酉日—兌上絶, 戌亥日—乾三連

이상과 같은 요령으로 생기법(生氣法)을 따져 아래와 같은 조견표를 만들었으니 위 요령에 이해가 어려우면 이 조견표에서 남녀 구분하여 직접 연령만 찾으면 어느 日辰에 무엇이 해당하는가를 쉽게 알 수 있을 것이다.

○ 생기 · 복덕 조견표

	男子의 연령							女子의 연령						
연령	一	二	三	四	五	六	七	一	二	三	四	五	六	七
	八	九	一○	一一	一二	一三	一四	八	九	一○	一一	一二	一三	一四
	一六	一七	一八	一九	二○	二一	二二	一六	一七	一八	一九	二○	二一	二二
	二四	二五	二六	二七	二八	二九	三○	二四	二五	二六	二七	二八	二九	三○
	三二	三三	三四	三五	三六	三七	三八	三二	三三	三四	三五	三六	三七	三八
	四○	四一	四二	四三	四四	四五	四六	四○	四一	四二	四三	四四	四五	四六
	四八	四九	五○	五一	五二	五三	五四	四八	四九	五○	五一	五二	五三	五四
	五六	五七	五八	五九	六○	六一	六二	五六	五七	五八	五九	六○	六一	六二
	六四	六五	六六	六七	六八	六九	七○	六四	六五	六六	六七	六八	六九	七○
구분	七二	七三	七四	七五	七六	七七	七八	七二	七三	七四	七五	七六	七七	七八
생기(生氣)	卯	丑寅	戌亥	酉	辰巳	未申	午	子	辰巳	酉	戌亥	丑寅	卯	午
천의(天醫)	酉	辰巳	午	卯	丑寅	子	戌亥	未申	丑寅	卯	午	辰巳	酉	戌亥
절체(絶體)	子	戌亥	丑寅	未申	午	酉	辰巳	卯	午	未申	丑寅	戌亥	子	辰巳
유혼(遊魂)	未申	午	辰巳	子	戌亥	卯	丑寅	酉	戌亥	子	辰巳	午	未申	丑寅
화해(禍害)	丑寅	卯	子	辰巳	酉	午	未申	戌亥	酉	辰巳	子	卯	丑寅	未申
복덕(福德)	辰巳	酉	未申	丑寅	卯	戌亥	子	午	卯	丑寅	未申	酉	辰巳	子
절명(絶命)	戌亥	子	卯	午	未申	辰巳	酉	丑寅	未申	午	卯	子	戌亥	酉
귀혼(歸魂)	午	未申	酉	戌亥	子	丑寅	卯	辰巳	子	戌亥	酉	未申	午	卯

생기(生氣) · 천의(天醫) · 복덕일(福德日)은 대길하고, 절체(絶體) · 유혼(遊魂) · 귀혼일(歸魂日)은 평평하니 생기 복덕 천의일을 가리기 어려울 경우 사용해도 무방하고, 오직 화해(禍害) · 절명일(絶命日)은 대흉하니 사용치 마라.

가령 남자 一세, 八세, 十六세, 二十四세 등은 卯日이 생기요 酉日이 천의,

子日이 절체, 未申日이 유혼, 丑寅日이 화해, 辰巳日이 복덕, 戌亥日이 절명, 午日이 귀혼이다. 그러므로 이상의 연령은 丑寅日(화해)과 戌亥日(절명)을 피하는것이 좋다.

(2) 혼인문(婚姻門)

① 혼인운 보는 법

○ 합혼개폐법(合婚開閉法)

이는 여자의 연령으로 몇살에 혼인하면 좋고 나쁜가를 보는 방법인데 대개운(大開運)에 혼인하면 결혼후 부부 화목하고, 반개운(半開運)에 혼인하면 부부 불화하며, 폐개운(閉開運)에 혼인하면 부부 이별하게 된다고 한다. 다음과 같다.

子午卯生女	大開	十七	二 十	二十三	二十六	二十九	三十二
	半開	十八	二十一	二十四	二十七	三 十	三十三
	閉開	十九	二十二	二十五	五十八	三十一	三十四
寅申巳亥生女	大開	十六	十 九	二十二	二十五	二十八	三十一
	半開	十七	二 十	二十三	二十六	二十九	三十二
	閉開	十八	二十一	二十四	二十七	三 十	三十三
辰戌丑未生女	大開	十五	十 八	二十一	二十四	二十七	三 十
	半開	十六	十 九	二十二	二十五	二十八	三十一
	閉開	十七	二 十	二十三	二十六	二十九	三十二

○ 혼인흉년(婚姻凶年)

아래에 해당되는 해에 혼인하면 불길하니 피하는것이 좋다.

子年生 男-未年 女-卯年	午年生 男-丑年 女-酉年
丑年生 男-申年 女-寅年	未年生 男-寅年 女-申年
寅年生 男-酉年 女-丑年	申年生 男-卯年 女-未年
卯年生 男-戌年 女-子年	酉年生 男-辰年 女-午年
辰年生 男-亥年 女-亥年	戌年生 男-巳年 女-巳年
巳年生 男-子年 女-戌年	亥年生 男-午年 女-辰年

② 혼인달 가리는 법

○ 살부대기월(殺夫大忌月)

다음에 해당되는 달에 혼인하는 여자는 결혼후 그 남편과 생이별 하는 수가 있다. 하니 피하는 것이 좋다.

子生女―正 · 二月, 丑生女―四月, 寅生女―七月,

卯生女―十·二月, 辰生女―四月, 巳生女―五月

午生女―八 · 十·二月, 未生女―六 · 七月, 申生女―六 · 七月,

酉生女―八月, 戌生女―十·二月, 亥生女―七 · 八月

○ 가취월(嫁聚月)

혼인에 길한 달을 가리고 나쁜 달을 피하는 방법인데 단 여자의 생(生)으로 기준한다.

아래 표를 참고하라.

여자의 生 / 구 분	子生 午生		丑生 未生		寅生 申生		卯生 酉生		辰生 戌生		巳生 亥生		비 고
대리월(大利月)	六 月		五 月		二 月		正 月		四 月		三 月		大吉함
	十二月		十一月		八 月		七 月		十 月		九 月		
방매씨(妨楳氏)	正 月		四 月		三 月		六 月		五 月		二 月		혼인해도 무방함
	七 月		十 月		九 月		十二月		十一月		八 月		
방옹고(妨翁姑)	二 月		三 月		四 月		五 月		六 月		正 月		시부모가 없으면
	八 月		九 月		十 月		十一月		十二月		七 月		무방함
방여부모(妨女父母)	三 月		二 月		五 月		四 月		正 月		六 月		친정부모가 없으면
	九 月		八 月		十一月		十 月		七 月		十二月		무방함
방부주(妨夫主)	四 月		正 月		六 月		三 月		二 月		五 月		신랑에게 불길함
	十 月		七 月		十二月		九 月		八 月		十一月		
방여신(妨女身)	五 月		六 月		正 月		二 月		三 月		四 月		신부 자신에게
	十一月		十二月		七 月		八 月		九 月		十 月		불길함

가령 자년생 여자라면 六月과 十二月에 혼인함이 가장 좋다. 또는 正月과 七月도 무방하며 시부모가 없으면 二月이나 八月에도 혼인하면 되고, 친정 부모가 없으면 三月이나 九月에도 혼인할 수 있다. 단 四月 十月은 남편에게 흉하고, 五月 十二月은 자신에게 흉하니 혼인하지 말아야 한다.

③ 날짜 가리는 법

　혼인에 좋은 날은 음양부장길일(陰陽不將吉日)이나 오합일(五合日)이 최상 길일이며, 다음에는 십전대길일(十·全大吉日) 천은(天恩), 대명(大明)·모창(母倉) 천사(天赦)의 사대길일(四大吉一), 천롱(千聾)·지아일(地啞日) 그리고 천월덕(天月德)및 천월덕합일(天月德合日), 황도일(黃道日), 가운데서 두 세개의 길신을 합해 가리면 된다.

　요령은 음양부장길일에서 우선 뽑고, 이 날이 생기법 등에 맞지 않아 곤난하거든 오합일을 택하고, 이 날도 마땅치 않거든 십전대길일이나 천은·대명·모창·천사일이나 천롱지일에서 뽑아 천월덕 및 천월덕합일과 같이 만나도록 하되 가급적 황도일을 겸하는 것이 좋다.

　　○ 음양부장길일(陰陽不將吉日)

正月＝丙寅　丁卯　戊寅　庚寅　辛卯

二月＝乙丑　丙寅　丙子　丁丑　戊寅　戊子　己丑　庚寅　庚子

三月＝甲子　丙子　乙酉　丙戌　丁酉　己酉

四月＝甲子　甲戌　丙子　丙戌　戊子　戊戌

五月＝癸酉　甲戌　癸未　甲申　乙酉　丙戌　乙未　丙申　戊戌　戊申

六月＝壬申　壬午　癸未　甲申

七月＝壬申　甲申　癸巳　乙巳

八月＝壬申　壬午　甲申　癸巳　甲午

九月＝庚午　辛巳　壬午　辛卯　癸巳　癸卯

十月＝庚午　庚辰　壬午　辛卯　壬辰　癸卯

十一月＝己巳　丁丑　庚辰　辛巳　己丑　庚寅　壬辰　辛丑　壬寅　丁巳

十二月＝丙寅　丙子　戊子　戊寅　庚寅　庚子

　이상의 부장길일은 위 일진보다 더 있으나 혼인을 못하는천적(天賊)·수사(受死)·홍사(紅紗)·피마(披麻)·월살(月殺)에 해당하여 이를 뺀 나머지만 기록하였다.

○ 오합일(五合日)

즉 寅卯日이 모두 오합일인데 아래와 같다.

丙寅丁卯＝陰陽合　　戊寅己卯＝人民合　　庚寅辛卯＝金石合

壬寅癸卯＝江河合　　甲寅乙卯＝日月合

즉 丙寅 丁卯 戊寅 己卯 庚寅 辛卯 壬寅 癸卯 甲寅 乙卯 日을 오합일(五合日)이라 한다.

○ 십전대길일(十全大吉日)

乙丑 丁卯 丙子 丁丑 己丑 辛卯 癸卯 乙巳 壬子 癸丑

○ 천은상길일(天恩上吉日)

甲子・乙丑・丙寅・丁卯・戊辰・己卯・庚辰・辛巳・ 壬午・己酉・庚戌・辛亥・壬子・癸未・癸丑

○ 대명상길일(大明上吉日)

辛未・壬申・癸酉・丁丑・己卯・壬午・ 甲申・丁亥・壬辰・乙未・壬寅・甲辰・乙巳・丙午・己酉・庚戌・辛亥

○ 천사상길일(天赦上吉日)

春—戊寅日　夏—甲午日　秋—戊申日　冬—甲子日

○ 모창상길일(母倉上吉日)

春—亥子日　　夏—寅卯日　秋—辰戌丑未日　冬—申酉日

○ 천롱일(天聾日)

丙寅　戊辰　丙子　丙申　庚子　壬子　丙辰

○ 지아일(地啞日)

乙丑　丁卯　己卯　辛巳　乙未　己亥　辛丑　癸丑　辛酉　辛亥

○ 천월덕(天月德) 및 합일(合日)

천덕(天德)・월덕(月德)과 천덕합(天德合)・월덕합일(月德合日)은 아래와 같다. 이 날은 혼인 뿐 아니라 인간 백사에 다 길한 날이다.

구분 月別	正	二	三	四	五	六	七	八	九	十	十一	十二
천 덕	丁	申	壬	辛	亥	甲	癸	寅	丙	乙	巳	庚
천 덕 합	壬	巳	丁	丙	寅	己	戊	亥	辛	庚	申	乙
월 덕	丙	甲	壬	庚	丙	甲	壬	庚	丙	甲	壬	庚
월 덕 합	辛	巳	丁	乙	辛	己	丁	乙	辛	巳	丁	乙

○ 황 도(黃道)

황도는 길하고 흑도(黑道)는 흉신이다. 보는 법은 月로 日辰을 대조하고, 또는 日辰으로 時를 대조한다. 이 황도는 천강(天罡)·하괴(河魁)의 흉살을 능히 제화(制化)하는 길신이다. 그리고 혼인시간 및 모든 행사의 좋은 時를 가리려면 이 황도시(黃道時)를 적용함이 좋다.

가령 正月(寅月)이면 子丑辰巳戌日은 황도일이고 그 외는 흑도의 흉신이다. 또는 寅日이면 子丑辰巳未戌時가 황도가 드는 길한 신간이다.

구분 月로日·日로時	寅	卯	辰	巳	午	未	申	酉	戌	亥	子	丑
청룡황동(靑龍黃道)	子	寅	辰	午	申	戌	子	寅	辰	午	申	戌
명당황도(明堂黃道)	丑	卯	巳	未	酉	亥	丑	卯	巳	未	酉	亥
천형흑도(天刑黑道)	寅	辰	午	申	戌	子	寅	辰	午	申	戌	子
주작흑도(朱雀黑道)	卯	巳	未	酉	亥	丑	卯	巳	未	酉	亥	丑
금궤황도(金櫃黃道)	辰	午	申	戌	子	寅	辰	午	申	戌	子	寅
대덕황도(大德黃道)	巳	未	酉	亥	丑	卯	巳	未	酉	亥	丑	卯
백호흑도(白虎黑道)	午	申	戌	子	寅	辰	午	申	戌	子	寅	辰
옥당황도(玉堂黃道)	未	酉	亥	丑	卯	巳	未	酉	亥	丑	卯	巳
천뇌흑도(天牢黑道)	申	戌	子	寅	辰	午	申	戌	子	寅	辰	午
현무흑도(玄武黑道)	酉	亥	丑	卯	巳	未	酉	亥	丑	卯	巳	未
사명황동(司命黃道)	戌	子	寅	辰	午	申	戌	子	寅	辰	午	申
구진흑도(句陣黑道)	亥	丑	卯	巳	未	酉	亥	丑	卯	巳	未	酉

④ 혼인에 꺼리는 날

다음과 같은 흉신일(凶神日)을 피한다.

월염(月厭)·염대(厭對)·천적(天賊)·수사(受使)·홍사(紅紗)·피마(披麻)·월살(月殺)·월파(月破)·매월 亥日, 남녀 본명일(本命日-가령 甲子生이면 甲子日)동지·하지 단오(端午)·四月八日, 십악(十惡), 복단(伏斷), 화해(禍害), 절명일(絶命日), 천강(天罡), 하괴(河魁), 월기일(月忌日)

○ 천적·수사·홍사·피마·월살·월염·염대·월파·천강·하괴일

이상 흉신의 정국은 아래와 같다.

흉신 月別	正	二	三	四	五	六	七	八	九	十	十一	十二
천적(天賊)	辰	酉	寅	未	子	巳	戌	卯	申	丑	午	亥
수사(受死)	戌	辰	亥	巳	子	午	丑	未	寅	申	卯	酉
홍사(紅紗)	酉	巳	丑	酉	巳	丑	酉	巳	丑	酉	巳	丑
피마(披麻)	子	酉	午	卯	子	酉	午	卯	子	酉	午	卯
월살(月殺)	丑	戌	未	辰	丑	戌	未	辰	丑	戌	未	辰
월염(月厭)	戌	酉	申	未	午	巳	辰	卯	寅	丑	子	亥
염대(厭對)	辰	卯	寅	丑	子	亥	戌	酉	申	未	午	巳
월파(月破)	申	酉	戌	亥	子	丑	寅	卯	辰	巳	午	未
천강(天罡)	巳	子	未	寅	酉	辰	亥	午	丑	申	卯	戌
하괴(河魁)	亥	午	丑	申	卯	戌	巳	子	未	寅	酉	辰

월살(月殺)은 五合日이면 범해도 무방하고, 천강(天罡)·하괴(河魁)는 황도일(黃道日)과 같이 만나면 꺼리지 않는다.

○ 십악일(十惡日)

甲己年＝三月戊戌日, 七月癸亥日, 十月丙申日, 十一月丁亥日
乙庚年＝四月壬申日, 九月乙巳日
丙辛年＝三月辛巳日, 九月庚辰日
丁壬年＝없음　戊癸年＝六月丑日

○ 복단일(伏斷日)

이 복단일은 혼인 뿐 아니라 변소 짓고 젖떼는 일 이외는 백사 대흉하다. 다음과 같다.

子虛 丑斗 寅室 卯女 辰箕 巳房

午角 未張 申鬼 酉觜 戌胃 亥壁

가령 子日에 二十八宿의 虛宿과 같이 만나면 복단일인데 이를 다음과 같이 간단하게 나타낸다.

日 辰	子	丑	寅	卯	辰	巳	午	未	申	酉	戌	亥
요 일	日	木	火	土	水	日	木	月	金	火	土	水

가령 子日과 일요일이 같이 만나거나, 丑日에 木요일과 같이 만나면 복단일이 된다.

○ 월기일(月忌日)

매월 初五日 十四日 二十三日

이 월기일은 寅卯日과 같이 만나면 꺼리지 않는다.

○ 상부상처살(喪夫喪妻殺)

春-丙午·丁未日(상처)　冬-壬子·癸亥日(상부)

○ 고과살(孤寡殺)

亥子丑生 男은 寅日, 女는 戌日, 寅卯辰生 男은 巳日, 女는 丑日
巳午未生 男은 申日, 女는 辰日, 申酉戌生 男은 亥日, 女는 未日.

○ 가취대흉일(嫁聚大凶日)

春-甲子·乙丑日　夏-丙子·丁丑日　秋-庚子·辛丑日　冬-壬子·癸丑日

正五九月-庚日　二六十月-乙日　三七十一月-丙日　四八十二月-癸日

⑤ 혼인주당(婚姻周堂)

주당이 신랑이나 신부에 닿는 날은 혼인을 못한다. 만일 옹(翁)에 닿으면 신랑이 초례청에 처음 들어설 때 신부의 부친이 잠시 피하면 되고, 신부가 초례청에 처음 들어설때 신랑 부친이 잠시 피하면 된다. 고(姑)에[닿으면 신랑이 들어설 때 신부의 모친이 잠시 피하고, 신부가 들어설 때 신랑의 모친이 잠시 피하면 된다.

혼인일 구분	一 九 十七 二十五	二 十 十八 二十六	三 十一 十九 二十七	四 十二 二十 二十八	五 十三 二十一 二十九	六 十四 二十二 三十	七 十五 二十三	八 十六 二十四
大月(三十日)	夫	姑	堂	翁	第	竈	婦	廚
小月(二十九日)	婦	竈	第	翁	堂	姑	夫	廚

달이 크면(大月—三十日) 夫자에 一日을 붙여 시계방향으로 혼인 날자까지 돌려 짚고 달이 작으면(小月—二十九日) 婦자에 一日을 붙여 혼인 날자까지 돌려 짚는다.

당(堂)은 안방, 주(廚)는 부엌, 조(竈)는 부뜨막, 제(第)는 처마안의 모든 곳이니 모든 사람들이 이러한 곳에서 밖으로 나와 잠시 피하면 된다. 단 현재는 예식장에서 혼례식을 올리므로 참작하기 바란다.

⑥ 약혼에 좋은 날

아래 일진이나 길신에 약혼하거나 사주(四柱)또는 채단을 보내면 길하다.

乙丑 丙寅 丁卯 辛未 戊寅 己卯 庚辰 丙戌 戊子 己丑 庚寅 辛卯 壬辰 癸巳 乙未 戊戌 辛丑 壬寅 癸卯 甲辰 丙午 丁未 庚戌 壬子 癸丑 甲寅 乙卯 丙辰 丁巳 戊午 己未日과 황도 삼합 육합 오합 천덕 월덕 천월덕합 월은 천의 정·성·개일

(3) 생활택일(生活擇日)

제사(祭祀)와 고사(告祀)·기도(祈禱)

제사및 고사 그리고 기도 드리는데 좋은 날과 꺼리는 날은 아래와 같다.

○ 길일(吉日)

壬申 乙亥 丙子 丁丑 壬午 癸未 丁亥 己丑 辛卯 壬辰 甲午 乙未 丁酉 甲辰 戊申 壬子 乙卯 丙戌 戊午 壬戌 癸亥日및 황도·천은·천사 천덕 월덕·천월덕합일 모창·월재·생기 복덕 천의일(이상의 길신은「신살정국」을 참고하라.)

○ 꺼리는 날

천구일(天狗日) 및 천구하식시(天狗下食時—子日亥時·丑日子時·寅日丑

時·卯日寅時·辰日卯時·　巳日辰時·午日巳時·未日午時·申日未時·酉
日申時·戌日酉時·亥日戌時), 五日　十四日　二十三日, 천적·수사·복단일
화해 절명일

(복단일은 혼인문에 기록되어 있고 기타는 신살정국을 참고하라.)

[참고]

이하 모든 길신과 흉신 등은 아래기록하는 신산정국(神殺定局)을 차고하
면 된다.

① 여　행(旅行)

좋은 날=甲子 乙丑 丙寅 丁卯 戊辰 庚午 辛未 甲戌 乙亥 丁丑 己卯 甲申
丙戌 己丑 庚寅 辛卯 甲午 乙未 庚子 辛丑 壬寅 癸卯 丙午 丁未 己酉 壬子
癸丑 甲寅 乙卯 庚申 辛酉 壬戌 癸亥日과 역마 월재 천월덕 생기 사상 건·
만·성·개일

꺼리는 날=巳日 왕망·귀기·천적·수사·복단 위일(危日) 월기일

② 연　회(宴會)

회갑(回甲)·칠순(七旬)·팔순(八旬)·진갑(進甲) 및 기타의 경사에 날
을 받아 손님들을 초대하여 잔치를 베풀고 주식(酒食)을 접대하는 행사를
말한다.

좋은 날=주인공의 생기·복덕 천의일, 천덕·월덕 천월덕합, 三合·五合,
천은·월은·정(定)·성(成)·만(滿)·개일(開日) 또는 甲子 乙丑 丙寅 丁
卯 戊辰 己卯 庚辰 辛巳 壬午 癸未 己酉 庚戌 辛亥 壬子 癸丑日

꺼리는 날=酉日, 五日, 十四日 二十三日, 천적·수사 파일 수일 폐일 상삭
(上朔-甲年癸亥 乙年乙巳 丙年乙亥 丁年辛巳 戊年丁亥 己年癸巳 庚年己亥
辛年乙巳 壬年 辛亥 癸年 丁巳日)

③ 이　사(移徙)

좋은 날=甲子 乙丑 丙寅 丁卯 己巳 庚午 甲戌 乙亥 丁丑 癸未 甲申 庚寅
壬辰 庚子 壬寅 癸卯 丙午 丁未 庚戌 癸丑 甲寅 乙卯 庚申 辛酉日 및 천덕월
덕 천월덕합 천은 황도 모창 역마 월은 사상 만·성·개일

꺼리는 날=복단·천적·수사·귀기·왕망·본명(本命-甲子生이 甲子日)
·건·파·명·수일

손(太白殺)보는 법=一·二日은 東, 三·四日은 南, 五·六日은 西, 七·八

日은 北, 九 · 十日은 없음.

○ 이사방위법

천록방(天祿方)은 관직에 길하고, 안손방(眼損方)은 눈병과 손재가 있고, 식신방(食神方)은 재산이 늘고, 증파방(甑破方)은 손재와 가정풍파가 일어나고, 오귀방(五鬼方)은 질병과 우환횡액이 생기고, 합식방(合食方)은 사업이 번창하고, 진귀방(進鬼方)은 괴변과 우환이 발생하고 관인방(官印方)은 관록이 오르거나 관직을 얻게 되고, 퇴식방(退食方)은 재물이 나가고 사업이 안된다.

아래는 이사방위를 쉽게 보는 표이니 남녀 구분하여 연령을 찾아 참고하라.

남자의 연령	正東	東南	正南	西南	中央	正西	西北	正北	東北	여자의 연령
			방 위 보 는 곳							
9 18 27 36 45 54 63 72 81	퇴식	천록	합식	관인	안손	증파	식신	진귀	오귀	10 19 28 37 46 55 64 73 1
8 17 26 35 44 53 62 71 80	관인	퇴식	오귀	진귀	천록	식신	안손	합식	증파	9 18 27 36 45 54 63 72 81
7 16 25 34 43 52 61 70 79	진귀	관인	증파	합식	퇴식	안손	철록	오귀	식신	8 17 26 35 44 53 62 71 80
6 15 24 33 42 51 60 69 78	합식	진귀	식신	오귀	관인	천록	퇴식	증파	안손	7 16 25 34 43 52 61 70 79
5 14 23 32 41 50 59 68 77	오귀	합식	안손	증파	진귀	퇴식	관인	식신	천록	6 15 24 33 42 51 60 69 78
4 13 22 31 40 49 58 67 76	증파	오귀	천록	식신	합식	관인	진귀	안손	퇴식	5 14 23 32 41 50 59 68 77
3 12 21 30 39 48 57 66 75	식신	증파	퇴식	안손	오귀	진귀	합식	천록	관인	4 13 22 31 40 49 58 67 76
2 11 20 29 38 47 56 65 74	안손	식신	관인	천록	증파	합식	오귀	퇴식	진귀	3 12 21 30 39 48 57 66 75
1 10 19 28 37 46 55 64 73	천록	안손	진귀	퇴식	식신	오귀	증파	관인	합식	2 11 20 29 38 47 56 65 74

④ 개업일(開業日)

좋은 날=甲子 乙丑 丙寅 己巳 庚午 辛未 甲戌 乙亥 丙子 己卯 壬午 癸未 甲申 庚寅 辛卯 乙未 己亥 庚子 癸卯 丙午 壬子 甲寅 乙卯 己未 庚申 申酉日 및 천덕월덕 · 천은 · 월은 · 월재 · 역마 · 삼합 · 오합 · 육합 · 정(定) · 만(滿) · 성(成) · 개일(開日)

꺼리는 날=천적 · 복단 월파 · 폐일 · 대소모(大小耗-春 : 壬子日, 夏 : 丙

-45-

戌・乙卯日, 秋：辛丑・戊午日, 冬：壬辰：辛酉日）또는 春에 己酉日, 夏에 甲子日, 秋에 辛卯日, 冬에 壬辰日

9. 기조문(起造門)

(1) 성조운(成造運)

성조운이란 어느 나이에 집을 지면 좋고 나쁘며, 어느 해에 어떤 좌향(坐向)을 놓으면 좋으며, 또는 어느 생(生)이 어느 해에 집을 짓는 운이 맞는가 등을 보는 법이다.

① 나이로 운을 본다.

연령 一세를 곤궁(坤宮)에 붙여 八方을 순서로 배치하되 단 五세와 五十세는 中宮에 넣고 다음 순서가 나이로 닿는 곳이 감(坎)・이(離)・진(震)・태(兌)에 들면 성조 대길하여 중궁(中宮-蠶四角)이나 간궁(艮宮-自四角)에 들면 대흉하며 건궁(乾宮)에 들면 부모사각(父母四角)이니 부모가 안계시면 집을 지어도 무방하고 곤궁(坤宮)에 들면 처자사각(妻子四角)이니 처자에게 흉하고(처자가 없으면 무방) 손궁(巽宮)에 들면 우마시각(牛馬四角)이니 이 나이에 측사(畜舍)를 짓지 아니한다.

午馬 四角 8 17 26 34 43 53 62	(吉)9 18 27 36 44 54 63	妻子 四角 1 10 19 28 37 46 56 64
(吉)7 16 24 33 42 52 61 70	蠶四 5 15 25 35 45 50 角凶 55 65 75	(吉)2 11 20 29 38 47 57 66
自四 角凶 6 14 23 32 41 51 60 69	(吉)4 13 22 31 40 49 59 68	父母 四角 3 12 21 30 39 48 58 67

② 생(生)으로 운을 본다.

亥子生-甲己丁壬戊癸年吉,　　　丑寅年-丙辛丁壬戊癸年吉,

卯辰生-乙庚丙辛丁壬年吉,　　　巳午生-甲己乙庚丙辛年吉,

未申生-甲己乙庚戊癸年吉,　　　酉戌生-甲己乙庚戊癸年吉

③ 좌향(坐向)으로 운을 본다.

子午卯酉年-辰戌丑未乙辛丁癸坐向吉

辰戌丑未年-寅申巳亥艮坤乾巽坐向吉

寅申巳亥年-子午卯酉壬丙庚甲坐向吉

艮寅乙辰丙午坤申辛戌壬子坐向-子寅辰午申戌 年月日時吉

甲卯巽巳丁未庚酉乾亥癸丑坐向-丑卯巳未酉亥 年月日時吉

-46-

④ 수조길년(修造吉年)

이는 나이와 좌향에 관계없이 (물론 右의 성조운을 맞춘다) 집 짓고 수리하는데 좋은 해다.

乙丑 戊辰 庚午 丙戌 己丑 庚寅 辛卯 癸巳 乙酉 乙未 戊戌 庚子 乙卯 丙辰 己未 庚申 辛酉 癸亥年吉

⑤ 날짜 가리는 법

집 짓고 수리하고 흙 붙이는 등의 일에 좋은 날은 아래와 같다.

甲子 乙丑 丙寅 己巳 庚午 辛未 癸酉 甲戌 乙亥 丙子 丁丑 癸未 甲申 丙戌 庚寅 壬辰 乙未 丁酉 庚子 壬寅 癸卯 丙午 丁未 癸丑 甲寅 丙寅 己未및 대공망일(大空七日-乙丑 甲戌 乙亥 癸未 甲申 乙酉 壬辰 癸巳 甲午 壬寅 癸卯 壬子日) 황도, 월공, 천월덕, 천은 사상 생기 옥우 금당, 천룡, 지아일

꺼리는 날=천적 토온 토기 토금 토부 자랑 전살 건(建), 파(破), 수일(收日) 빙소와해(氷消瓦解) 천화일(天火日) 월파일(月破日)

⑥ 수리하거나 달아내는데 어느 방위를 손대지 못하는가

대장군방(大將軍方), 삼살상(三殺方), 태세방(太歲方), 세파방(歲破方), 신황(身皇), 정명방(定明方)

이상의 살방(殺方)은 아래와 같다.

○ 대장군, 삼살, 태세, 세파방

구분 연지	子	丑	寅	卯	辰	巳	午	未	申	酉	戌	亥
대장군방	酉	酉	子	子	子	卯	卯	卯	午	午	午	酉
삼 살 방	巳	寅	亥	申	巳	寅	亥	申	巳	寅	亥	申
	午	卯	子	酉	午	卯	子	酉	午	卯	子	酉
	未	辰	丑	戌	未	辰	丑	戌	未	辰	丑	戌
태 세 방	子	丑	寅	卯	辰	巳	午	未	申	酉	戌	亥
세 파 방	午	未	申	酉	戌	亥	子	丑	寅	卯	辰	巳

가령 태세가 子年이라면 酉方이 대장군방, 巳午未가 삼살방, 子方이 태세, 午方이 '세파방이니 酉, 巳午未子午方을 손대지 못한다.

○ 신황(身皇), 정명살(定明殺)

三元	上 元				中 元				下 元			
구분	身皇		定名		身皇		定明		身 皇		定明	
연령 \ 남녀	남	여	남	여	남	여	남	여	남	여	남	여
1 10 19 28 37 46 55 64 73	艮	中	坤	中	中	艮	中	坤	坤	坤	艮	艮
2 11 20 29 38 47 56 65 74	離	巽	坎	乾	乾	兌	巽	震	震	坎	兌	離
3 12 21 30 39 48 57 66 75	坎	震	離	兌	兌	乾	震	巽	巽	離	乾	坎
4 13 22 31 40 49 58 67 76	坤	坤	艮	艮	艮	中	坤	中	中	艮	中	坤
5 14 23 32 41 50 59 68 77	震	坎	兌	離	離	巽	坎	乾	乾	兌	巽	震
6 15 24 33 42 51 60 69 78	巽	離	乾	坎	坎	震	離	兌	兌	乾	震	巽
7 16 25 34 43 52 61 70 79	中	艮	中	坤	坤	坤	艮	艮	艮	中	坤	中
8 17 26 35 44 53 62 71 80	乾	兌	巽	震	震	坎	兌	離	離	巽	坎	乾
9 18 27 36 45 54 63 72 81	兌	乾	震	巽	巽	離	乾	坎	坎	震	離	兌

가령 中元의 남자 一세 十세 十九세 등은 中이 신황, 정명이오, 여자라면 艮方이 신황, 坤方이 정명살이다.

○ 上元＝一八六四年～一九二三年사이 출생한 者

○ 中元＝一九二四年～一九八三年사이 출생한 者

○ 下元＝一九八四年이후 출생한 者

10. 택일신살정국(擇日神殺定局)

황도(黃道), 천은(天恩), 대명(大明), 천사(天赦), 모창상길일(母倉上吉日), 천롱(天聾), 지아일(地啞日)과 복단일(伏斷日), 월기일(月忌日)은 위 혼인문(婚姻門)에서 참고 할것이며 기타는 아래에 수록한다.

① 세신정국(歲神定局)

세신(歲神)이란 태세(太歲)를 기준한 길흉신이니 아래와 같다.

구분 歲支		子	丑	寅	卯	辰	巳	午	未	申	酉	戌	亥	비 고
吉神	天德合 천덕합	巽	庚	丁	坤	壬	辛	乾	甲	癸	艮	丙	乙	백사에 대길
	天德合 세월덕	申	乙	壬	巳	丁	丙	寅	己	戊	亥	辛	庚	우 동
	歲月德 세월덕	壬	庚	丙	甲	壬	庚	丙	甲	壬	庚	丙	甲	우 동
	月德合 월덕합	丁	乙	辛	己	丁	乙	辛	己	丁	乙	辛	己	양택 음택에 모두 길함
	驛馬 역마	寅	亥	申	巳	寅	亥	申	巳	寅	亥	申	巳	출행,이사,상업 및 매사에 길
凶神	大將軍 대장군	酉	酉	子	子	子	卯	卯	卯	午	午	午	酉	흙다루고 집고치 치는 일을꺼림
	劫殺 겁살	巳	寅	亥	申	巳	寅	亥	申	巳	寅	亥	酉	양택 음택에 모두 꺼림(三殺)
	災殺 재살	午	卯	子	酉	午	卯	子	酉	午	卯	子	酉	上 同(三殺)
	歲殺 세살	未	辰	丑	戌	未	辰	丑	戌	未	辰	丑	戌	上 同(三殺)
	坐殺 좌살	丁丙	乙甲	癸壬	辛庚	丁丙	乙甲	癸壬	辛庚	丁丙	乙甲	癸壬	辛庚	묘나 가옥의 坐를 놓지 아니함
	向殺 향설	癸壬	辛庚	丁丙	乙甲	癸壬	辛庚	丁丙	乙甲	癸壬	辛庚	丁丙	乙甲	묘나 가옥의 向을 놓지 아니함
	喪門 상문	寅	卯	辰	巳	午	未	申	酉	戌	亥	子	丑	여행 이사 및 상청설치를 꺼림
	吊客 조객	戌	亥	子	丑	寅	卯	辰	巳	午	未	申	酉	上 同
	歲破 세파	午	未	申	酉	戌	亥	子	丑	寅	卯	辰	巳	가옥수리및 묘의 坐놓은 것을꺼림

② 월가길신(月家吉神)

월간길신이란 月을 기준하여 정해지는 길신(吉神)인데 아래와 같다.

구분 月別	正	二	三	四	五	六	七	八	九	十	十一	十二	비 고
天德 천덕	丁	申	壬	辛	亥	甲	癸	寅	丙	乙	巳	庚	造葬 및 上官百事에 다 형통
天德合 천덕합	壬	巳	丁	丙	寅	己	戊	亥	辛	庚	申	乙	이 방위에 집 수리하면 만복이 이룸

月德 월덕	丙	甲	壬	庚	丙	甲	壬	庚	丙	甲	壬	庚	천덕과 동일
月德合 월덕합	辛	己	丁	乙	辛	己	丁	乙	辛	己	丁	乙	월덕과 동일
月空 월공	壬	庚	丙	甲	壬	庚	丙	甲	壬	庚	丙	甲	집고치고, 벼슬구 하는일에 길함
月恩 월은	丙	丁	庚	己	戊	辛	壬	癸	庚	乙	甲	辛	진정서, 소장, 민원서 제출에 좋음
月財 월재	九	三	四	二	七	六	九	三	四	二	七	六	이사, 안장에 사용하면 재물이 따름
生氣 생기	戌	亥	子	丑	寅	卯	辰	巳	午	未	申	酉	만사에 길, 天喜라고도 한다.
天醫 천의	丑	寅	卯	辰	巳	午	未	申	酉	戌	亥	子	병 고치고 침 맞고 치료하는데 대길
解神 해신	申	申	戌	戌	子	子	寅	寅	辰	辰	午	午	모든 흉살을 해제시켜 준다.
五富 오부	亥	寅	巳	申	亥	寅	巳	申	亥	寅	巳	申	집 짓고 수리하고, 안장하는데 길함
金堂 금당	辰	戌	巳	亥	午	子	未	丑	申	寅	酉	卯	집터 닦고 수리하고, 안택하고사에 길함
益後 익후	子	午	丑	未	寅	申	卯	酉	辰	戌	巳	亥	의 자녀를 세우거나 양자 정하는데 길
續世 속세	丑	未	寅	申	卯	酉	辰	戌	巳	亥	午	子	上　　　同
驛馬 역마	申	巳	寅	亥	申	巳	寅	亥	申	巳	寅	亥	출행 행선 이사 사업 등에 길함
天赦神 천사신	戌	丑	辰	未	戌	丑	辰	未	戌	丑	辰	未	모든죄를 사하여 줌
三合 삼합	戌午	亥未	子申	丑酉	寅戌	卯亥	辰子	巳丑	午寅	未卯	申辰	酉巳	약혼 계약 면회 등에 길함
六合 육합	亥	戌	酉	申	未	午	巳	辰	卯	寅	丑	子	우　　　동

③ 월가흉신(月家凶神)

달에 의한 흉신정국(凶神定局)은 아래와 같다.

구분 月別	正	二	三	四	五	六	七	八	九	十	十一	十二	비　　　고
天罡 천강	巳	子	未	寅	酉	辰	亥	午	丑	申	卯	戌	매사흉이나 황도일이면 무방함
河魁 하괴	亥	午	丑	申	卯	戌	巳	子	未	寅	酉	辰	위와 같음
地破 지파	亥	子	丑	寅	卯	辰	巳	午	未	申	酉	戌	흙 다루고 광중짓는 것을 꺼림

		1	2	3	4	5	6	7	8	9	10	11	12	비고
羅網	라망	子	申	巳	辰	戌	亥	丑	申	未	子	巳	辰	혼인, 출생, 소송, 취임 등에 불리
滅沒	멸몰	丑	子	亥	戌	酉	申	未	午	巳	辰	卯	寅	사람 죽어 장사지내는 모든일을 꺼림
天狗	천구	子	丑	寅	卯	辰	巳	午	未	申	酉	戌	亥	제사·고사등에 불길
往亡	왕망	寅	巳	申	亥	卯	午	酉	子	辰	未	戌	丑	출행, 행선, 취임 등에 불길
天賊	천적	辰	酉	寅	未	子	巳	戌	卯	申	丑	午	亥	백사에 불리함
受死	수사	戌	辰	亥	巳	子	午	丑	未	寅	申	卯	酉	고기잡고 사냥에만 길하고 그외는 불길
披麻	피마	子	酉	午	卯	子	酉	午	卯	子	酉	午	卯	혼인 이사에 불길
紅紗	홍사	酉	巳	丑	酉	巳	丑	酉	巳	丑	酉	巳	丑	혼인에 흉함
瘟瘟殺	온황살	未	戌	辰	寅	午	子	酉	申	巳	亥	丑	卯	집 짓고 문병하고 병 치료하는데 불길
歸忌	귀기	丑	寅	子	丑	寅	子	丑	寅	子	丑	寅	子	여행·이사·사람들이는 것을 꺼림
滅亡	멸망	丑	辰	未	戌	丑	辰	未	戌	丑	辰	未	戌	개업·건축등에 불리
地囊日	지랑일	庚午 庚子	癸未 癸丑	甲寅 甲子	己卯 己丑	戊辰 戊午	癸未 癸巳	丙寅 丙申	丁卯 丁巳	戊辰 戊子	庚子 庚戌	辛未 辛酉	乙酉 乙未	흙 다루고 우물파고 연못파는일 등을 꺼림
陰差	음차	庚戌	辛酉	庚申	丁未	丙午	丁巳	甲辰	乙卯	甲寅	癸丑	壬子	癸亥	혼인, 건축 및 장사지내는 일을 꺼림
陽錯	양착	甲寅	乙卯	甲辰	丁巳	丙午	丁未	庚申	辛酉	庚戌	癸亥	壬子	癸丑	음차와 동일
土瘟	토온	辰	巳	午	未	申	酉	戌	亥	子	丑	寅	卯	흙 다루는 일을 꺼림
土忌	토기	寅	巳	申	亥	卯	午	酉	子	辰	未	戌	丑	위와 같음
土禁	토금	亥	亥	亥	寅	寅	寅	巳	巳	巳	申	申	申	위와 같음
血忌	혈기	丑	未	寅	申	卯	酉	辰	戌	巳	亥	午	子	수술하고, 피 흘리는 일 등을 꺼림
血支	혈지	丑	寅	卯	辰	巳	午	未	申	酉	戌	亥	子	혈기일과 동일함
山隔	산격	未	巳	卯	丑	亥	酉	未	巳	卯	丑	亥	酉	산에 들어 사냥하고 나무 베는 것을 꺼림
地隔	지격	辰	寅	子	戌	申	午	辰	寅	子	戌	申	午	흙다루고, 씨앗심고 광중파는 것을 꺼림
天隔	천격	寅	子	戌	申	午	辰	寅	子	戌	申	午	辰	출행하고, 관직 구하는데 불리함

水隔 수격	戌	申	午	辰	寅	子	戌	申	午	辰	寅	子	배 타거나 물 건느는 것을 꺼림
天火 천화	子	卯	午	酉	子	卯	午	酉	子	卯	午	酉	부엌고치고, 상량하고 지붕덮는 것 忌
獨火 독화	巳	辰	卯	寅	丑	子	亥	戌	酉	申	未	午	상량, 개옥을 꺼림
遊火 유화	巳	寅	亥	申	巳	寅	亥	申	巳	寅	亥	申	약 달여 먹고 침구 등을 꺼림
長星 장성	七	四	六	九	十五	十	八	二	四	三	十七	九	매사에 불리
短星 단성	廿一	十九	十六	廿五	廿五	廿一	廿二	十八 十九	十六 十七	十四	廿三	廿五	혼인 취임, 구직등에 꺼린다
月破 월파	申	酉	戌	亥	子	丑	寅	卯	辰	巳	午	未	오직 파옥하는데 좋고 그외는 모두흉함
月殺 월살	丑	戌	未	辰	丑	戌	未	辰	丑	戌	未	辰	혼인, 기둥세우고 상량을 올리는데 꺼림
月厭 월염	戌	酉	申	未	午	巳	辰	卯	寅	丑	子	亥	출행, 혼인을 꺼림
厭對 염대	辰	卯	寅	丑	子	亥	戌	酉	申	未	午	巳	혼인식을 꺼림
飛廉殺 비염살	戌	巳	午	未	寅	卯	辰	亥	子	丑	申	酉	가축을 들이거나 축사 짓는데 꺼림
氷消瓦解 빙소화해	巳	子	丑	申	卯	戌	亥	午	未	寅	酉	辰	이사, 가옥 건축 등을 꺼린다

④ 사시길신(四時吉神)

구분　四時	春	夏	秋	冬	구분　四時	春	夏	秋	冬
天貴(천귀)	甲乙	丙丁	庚辛	壬癸	相日(상일)	巳	申	亥	寅
四相(사상)	丙丁	戊己	壬癸	甲乙	守日(수일)	辰	未	戌	丑
時德(시덕)	午	辰	子	寅	官日(관일)	卯	午	酉	子
旺日(왕일)	寅	巳	申	亥	民日(민일)	午	酉	子	卯

春은 正·二·三月로 입춘부터 입하 전 까지이고, 夏는 五·六·七月로 입하부터 입추 전 까지이며, 秋는 七·八·九月로 입추부터 입동 전 까지이고, 冬은 十·十一·十二月로 입동부터 입춘 전 까지에 해당한다.

⑤ 사사흉신(四時凶神)

구분 四時	春	夏	秋	冬	구분 四時	春	夏	秋	冬
正四廢 정 사 폐	庚辛 申酉	壬癸 子亥	甲乙 寅卯	丁丙 巳午	天地轉殺 천지전살	卯	午	酉	子
傍四廢 방 사 폐	庚申 辛酉	壬子 癸亥	甲寅 乙卯	丙午 丁巳	天轉地轉 천전지전	乙卯 辛卯	丙午 戊午	辛酉 癸酉	壬子 丙子
四時大耗 사시대모	乙未	丙戌	辛丑	壬辰	劍鋒殺 검 봉 살	酉	子	卯	午
四時小耗 사시소모	壬子	乙卯	戊午	辛酉	四虛敗 사 허 패	己酉	甲乙	辛卯	庚午

○ 사 리(四離)

춘분, 하지, 추분, 동지, 전날(前日)

○ 사 절(四節)

입춘, 입하, 입추, 입동, 전일(前日)

⑥ 천상천하대공망일(天上天下大空亡日)

乙丑 甲戌 乙亥 癸未 甲申 乙酉 壬辰 癸巳 甲午 壬寅 癸卯 壬子

⑦ 기왕망일(氣往亡日)

이 날은 백사에 불리라 한다.

입춘후 七日, 경칩후 十四日, 청명후 二十一日, 입하후 八日, 망종후 十六日, 소서후 二十四日.

입추후 九日, 백로후 十八日, 한로후 二十七日, 입동후 十日, 대설후 二十日, 소한후 三十日.

⑧ 백기일(百忌日)

甲不開倉＝甲日에는 창고를 열어 재곡(財穀)을 출납하지 않는다.

乙不栽植＝乙日에는 나무를 심거나 묘목을 옮겨 심지 아니한다.

丙不修竈＝丙日에는 부뜨막을 고치지 아니한다.

丁不剃頭＝丁日에는 머리를 자르거나 이미용(理美容)을 아니한다.

戊不受田＝戊日에는 토지를 상속받거나 매입하지 않는다.

己不破卷＝己日에는 문서나 책 따위를 불태우거나 찢지 아니한다.

庚不經絡＝庚日에는 침(鍼)을 맞거나 뜸을 뜨거나 주사를 맞지 않는다.

辛不造醬＝辛日에는 간장 고추장 등을 담그지 아니한다.

-53-

壬不決水＝壬日에는 물길을 막지 아니한다.

癸不詞訟＝癸日에는 소장(訴狀)을 내지 아니한다.

子不問卜＝子日에는 점(占)을 묻지 아니한다.

丑不冠帶＝丑日에는 관례(冠禮)를 행하지 않는다.

寅不祭祀＝寅日에는 기일제(忌日祭)이외는 제사나 고사를 지내지 않는다.

卯不穿井＝卯日에는 우물을 파지 아니한다.

辰不哭泣＝辰日에는 졸곡(卒哭) 전이라도 곡(哭)소리를 내지 않는다.

巳不遠行＝巳日에는 먼 길 출생을 아니한다.

午不苫盖＝午日에는 지붕을 덮지 아니한다.

未不服藥＝未日에는 약을 달여먹지 아니한다.

申不安床＝申日에는 침상(寢床)을 설치하지 않는다.

戌不乞狗＝戌日에는 개를 들이지 아니한다.

亥不嫁娶＝亥日에는 혼례식을 올리지 아니한다.

◈ 편 저 ◈
석 준 기　대한역학풍수연구학회 (前 회장)

◈ 저 서 ◈
사주역리학 길라잡이
정석 택일명감
사주추명학(공저)
오술판단전서(공저)
운세판단 관상법총람(공저)
기학의총감 외 다수

인생과 운명을 알려주는 손금보기　　정가 16,000원

2024年 11月　05日 2판 인쇄
2024年 11月　10日 2판 발행

편 저 : 석 준 기
발행인 : 김 현 호
발행처 : 법문 북스
공급처 : 법률미디어

152-050
서울 구로구 경인로 54길 4
TEL : (대표) 2636-2911, FAX : 2636~3012
등록 : 1979년 8월 27일 제5-22호
Home : www.lawb.co.kr

ISBN 978-89-7535-323-9 93180